JN039356

基礎から学ぶ
宗教と宗教文化

岸　清香
Kishi Sayaka

勁草書房

はじめに

現代社会の中で，一般的な日本人にとってみれば，宗教を身近に感じる機会は多いとはいえないだろう。公立学校では特定の宗教教育を行うことはないし，知識として見聞きすることは多少あっても，自分自身の宗教観や信仰心を改めて考えることは極めて少ないのではないだろうか。

このような傾向は，なにも日本に限ったことではない。一概にいうことはできないが，世界的にみても宗教への関心は若年層を中心に低下してきている。宗教施設である教会やモスクに熱心に通う人たちばかりではない。

しかしながら，現代を生きる我々に対して宗教が果たす役割が完全に消滅したかといえばそうではない。影響力は低下してきているとはいえ，ローマ教皇やダライ・ラマといった宗教指導者の発言は世間の注目を浴びている。また，国家や民族の枠を超えた集団を形成しており，昨今の日本において，特定の信仰をもたずとも何らかの宗教を信仰する人々と交流する機会は一般化しつつある。それゆえ，日々の生活を営む上で宗教についての一定の知識やそれに対する理解は各人が素養としてもちあわせておくべきことともいえる。

そもそも，宗教に基づいた紐帯は，目に見えない神や仏といった超越的なもの（something great）を信仰することで形成されている。本質的にそうした超越的な存在への崇拝等を中心に据えず，政治理念の下に形成される国家とは対立しやすいものでもある。

特に代表的な既存宗教をみていくと，宗教に基づいた共同体等は当初争いを避けるために成立したものが多い。信仰を中心に結びついた人々によって，政治的・経済的ルールが構築され，信仰者同士による相互扶助等によって平和的な社会が希求されてきた。同時に，特定の共同体を形成することが時に他の共同体との利益相反を引き起こし，過激な宗派や思想グループを生み出してきた歴史がある。アフガニスタンでのタリバーン勢力やシリアなどを中心として広範囲にわたるIS勢力などがその一例といえよう。

現代社会においては，宗教間，民族間，国家間の単純な対立は少数であって，例えば国家対特定の民族集団といった構造をとり，複雑に関係し合っている。そうした状況下にあって，単純に宗教を論じることは困難であるが，各宗教への一定の理解は昨今必要性を増しているといっても良いだろう。

また，各宗教は基本的に共同体の拡大，つまり信仰者の獲得を積極的に行ってきた歴史がある。その過程で数々の分派が起こり，時として激しい争いなどを引き起こしてきた。この歴史的経緯を反省し，近年は異なる宗教同士や同宗教の宗派間の対話を促進する傾向が高まっている。いわゆる相互理解を深めようとする動き（エキュメニカリズム）が活発である。コロナ禍の中で，宗教や宗派を超えた祈りの実践が行われたのも印象的である。こうした世界的情勢を鑑みると，基本的な宗教理解は特定の宗教を信仰しない人や宗教的意識に乏しい人にとっても，無縁のものではなくなっている。

しかし，日本で生活していると生活文化としての宗教的要素を感じる機会がほとんどないという人も少なくない。ただなんとなく，神仏の存在を信じていて，時折寺社仏閣に参拝することがあるといった人が多いのも事実である。

さらに興味深いのは，既存の宗教や新宗教といった類のものを忌避する人は多いにもかかわらず，オカルトや占いといったスピリチュアルな要素が好まれたり，アニメやマンガ，ゲームなどで超自然的な力が登場するといった宗教的要素の援用はごく自然に受け入れられている。例えば，『鬼滅の刃』に登場する鬼をごく自然に受け入れ，鬼に対して人間と同じように感情移入する人は多いし，『呪術廻戦』で呪術を駆使することには対価が必要であるなどの認識を当たり前のように受け取るごとくである。特にバーチャルな世界観の中で，疑問を持つ人は少ない印象がある。

他方で，リアルな世界でも，宗教施設が世界遺産に登録されて観光資源として活用されるといったことも積極的に行われている。旅行先としてだけでなく，時に宿泊施設やイベント会場として利用されている。日本に限らず世界的にもこうした事例が見られることから，宗教的施設や宗教概念，死生観などを含む宗教的世界観は人々の生活の中に取り込まれている節さえある。

なお，日本では年中行事として，新年には初詣に行ったり，お盆の頃には墓参りに行く人も少なくない（神々を祀るのは神道の文化であるし，お盆は仏教の祖先を供養する盂蘭盆からきており，墓参りの習慣は中国の伝統思想に由来する）。本書でも詳しく説明するが，日本では神仏が共存する神仏習合といった状態を受け入れており，世界的にみても大変特殊な状況であるといえる。

ハロウィンやクリスマスを祝うなどヨーロッパに起源を持つイベントも一般化している。「宗教」と聞くと，何やら怪しいと訝しむ傾向がある一方，宗教的な起源を持つものであってもイベントの導入などには比較的寛容で，親しむ風潮があるのはやはり日本独特であるといえよう。

そうした文化を持ち合わせていても，「特定の宗教を信仰しているか？」と問われた場合に，「○○教（ないしは○○派等）を信仰している」と明確に答える人は少数派であるのが日本の現状である。実際，自覚的な信仰をもつ日本人は 20–30% 程度と言われている。毎年宗教統計が出されているが，約 7 割は神道と仏教の二重宗教を信仰する存在に分類される。何をもって信仰を持つとするか？という命題に答えるのは非常に難しいが，日本において信仰を持つということが，かなり意識的な行為であることが宗教統計を見る限りでもうかがえる。

同時に，例えば神社等の宗教法人では，その地域に住んでいる人を氏子とみなすが，実際に自覚的に氏子意識がある人の数が把握されているわけではない。神社の管轄する地域以外で神道への信仰心を持つ人を崇敬者と呼ぶが，明確な信仰を表明する人は少数派であって，日本人の宗教への帰属意識や信仰度合いをはかるというのは非常に困難といえる。

総じて，日本社会においては，「宗教的なもの」にはあふれているものの，特定の宗教を信仰するといった強い意識は一部を除き希薄であるといえよう。抽象度の高い事象等についてごく広い範囲で受け入れられているものの，こと「宗教」と言われればなじみが薄く，時として危険なもの，避けるべきものといった印象をもたれている。

こうした文化が醸成されたのは，かつての日本で多くの新興宗教が生まれてきた歴史等にも原因がある。特に，戦後は信教の自由が原則となり，宗教法人令・宗教法人法によって数多くの宗教団体が成立している。特定の教団を母体とした分派教団も形成され，宗教の多様化も進んだ。

新宗教について本書では多く触れないが，日蓮正宗の在家組織から発足した創価学会をはじめ数多くの宗教法人が存在する。神道に大きく影響を受けた黒住教や生長の家，法華信仰の影響を受けた霊友会等も一定の規模を誇っている。霊友会系の教団の中で，信者数が最大の教団は日蓮系・法華系の立正佼成会である。ごく一部ではあるが，キリスト教系の新宗教としてイエス之御霊教会教団等もある。こうした宗教教団の布教活動やオウム真理教のような社会的な大事件によって悪いイメージを持つ人もいる。

古くから日本人は同調主義などの言葉で語られることが多い。一概にいえることではないが，日本社会を取り巻く状況や人々の生み出す雰囲気が全体の方向性を決定しているという意味では，日本はある種特殊な社会を形成しているといえるし，宗教に対する理解やイメージもまた，そうした環境によって規定されている部分がある。

こうした状況下であるからこそ，他国に比して比較的自由にさまざまな宗教について語れる国であることは日本社会の利点であるといえよう。同時に宗教理解ひいては他文化理解などを可能とする素地があるともいえる。

昨今の世界は複雑化しており，グローバル化とローカル化が混在している。日本に入ってくる移民は少ないとはいえ，留学生や外国人就労者は増加の一途をたどっている。アジア近隣諸国を中心として多くの人口流入がある昨今，若年層を中心に日本にいながらにしてさまざまな宗教を信仰する人々と接点がもたれている。海外に行けば，当然ながら日本国内にいる以上にさまざまな民族・宗教をバックグラウンドにもつ人たちと接することにもなろう。こうした現代社会を鑑み，宗教的な知識や感覚が乏しいとされる日本人ではあるが，今後よりよい社会を形成するために基礎的な宗教的知識を理解することは必須の教養であるといえる。

上記の背景に基づき，この書籍はひとまず伝統的な既存宗教に焦点をあて，各宗教の基礎的知識（宗教的な概念や用語，宗教的実践等）を平易に理解できるようにまとめたものである。主に教養として宗教を学びたい大学 1, 2 年生レベルを読者として想定しているが，同時に広く宗教に関心のある層に向けて執筆したものである。この書籍の内容が読者諸氏の役に立つことを真に願うものである。

目　次

第１章　ユダヤ教の基礎知識

第１節　ユダヤ教の概要

まずはユダヤ教の特徴を概観することとしよう。ユダヤ教といえば，イスラエル部族内で信仰される独自の唯一神**ヤハウェ**（YHWH と表記。読み方が消失したため，エローヒーム，アドナイなどとも呼ばれる）を崇拝する一神教である。ヤハウェは，後述する律法書（**トーラー**）を守る者に救済を与え，破る者には厳粛な裁定を下す正義の神としての側面を持つ。

ユダヤ教徒はヤハウェの神を崇拝するとともに，この世界が最後の審判を迎えると，今までに亡くなった者も復活し，善人なるユダヤ教徒は神のもとに行けるといった死生観を信仰している。創始者は諸説あり，**アブラハム**やモーセを父祖とすることもあるが，イスラエルの民であるユダヤ人を起源とするのが基本である。

ユダヤ法（**ハラハー**）によれば，ユダヤ人とはユダヤ教徒とユダヤ人を母とする者である。少数ではあるが，敬虔なユダヤ教徒であるがユダヤ人の家系に属さない人，ユダヤ家系に生まれたもののユダヤ教の宗教的慣習を守らないという人もいる。

また長い歴史の中で，ユダヤ人という呼び名は好ましくないとされ，イスラエル人，ヘブライ人といった呼称が使用されることもある。イスラエル人といえば，イスラエル部族の連合体を形成する人々のことを指す。ヘブライ人とはヘブライ語を話す人々という意味であり，現在これらはほぼ同義語のように用いられている。

ユダヤ教の起源は紀元前 18 世紀頃までさかのぼるとされる。歴史上では紀元前6世紀に独立国家を失って以降，宗教的な集団としてのまとまりをみせる。『**ヘブライ語聖書**』（＝**タナハ**）を聖典とし，その解説書にあたる**タルムード**などを人々は熱心に学究する。幼少の頃よりヘブライ語を学ぶユダヤ教徒は，識字率が高いことでも知られている。家庭での宗教的学習の機会も重要視され，家長は自分の子どもを立派なユダヤ人へと育てることで永遠の魂を得ると考えられている。偶像崇拝を禁止し，積極的な布教なども行わない。

宗派は，超正統派（ハレディーム）をはじめ，保守派，再建派，改革派などが存在する。神の愛や正義を前提として，清く正しく生きることを教義の中心とする宗教である。厳密な聖職者は存在せず，**ラビ**と呼ばれる世俗的な宗教指導者が集会所である**シナゴーグ**を管理し，一般信徒を導いている。

ユダヤ教徒は朝，昼，晩の1日に3回，**エルサレム**の方角に向かって祈りを捧げる。日々の祈りとともに，安息日による集団礼拝や割礼など人生の通過儀礼を行うのも特徴である。過越の祭などの大規模な祭礼もユダヤ人コミュニティ全体で行われている。

現在，世界には約1400万人（2012年時点）のユダヤ人が居住しユダヤ教を信仰している。東欧系のユダヤ教徒たちをアシュケナジーム，スペインやポルトガル系のユダヤ教徒たちをセファルディームと呼び，20世紀に入って建国されたイスラエルには約590万人，アメリカ合衆国に約540万人が暮らしている（ちなみにイスラエルでは，ヘブライ語が公用語となっている)。現状，イスラエルとアメリカにユダヤ教人口の約8割が居住している。イスラエルの首都エルサレムは，ユダヤ教の聖地であるだけでなく，キリスト教やイスラム教の聖地としても知られる。

聖地であるエルサレムは，いわゆる聖書において「乳と蜜の流れる土地」と表現されるカナンの地を指す。砂漠に囲まれた現在のパレスチナ地域に該当すると考えられている。現在のエルサレム旧市街は，16世紀のオスマントルコ時代に築かれた城壁に囲まれている。旧市街の中に，ユダヤ教，キリスト教，イスラム教の宗教施設や，ローマ時代の遺跡なども存在する。

ユダヤ教徒にとっては，かつての指導者であるソロモン王がシオンの丘に建設した神殿の城壁とされる，嘆きの壁が存在する重要な場所である。紀元2世紀にユダヤ戦争が起きてユダヤ人の離散が決定化したときに，年に一度だけは

図1-1　嘆きの壁

この壁の前で祈りを捧げることを許された地でもある。現在，ユダヤ教徒はいつでも祈りを捧げることができる。

キリスト教徒にとっては，特に336年に建設された聖墳墓教会が重要な場所である。ローマ皇帝コンスタンティヌス1世の命によってイエスの処刑地（=ゴルゴダの丘）に建設された教会とされる。内部には，イエスの遺体を横たえたという石盤が存在している。

イスラム教徒の聖地の中心は，ウマイヤ朝期にあたる691年に建てられたムハンマドが天界に昇り，神に会ったとされる巨石の上にある岩のドームである。岩のドームは黄金に輝くドーム型の建物で，壁面は緑と青の美しいペルシアタイルで装飾されている。現在，イスラム教徒以外は入ることができない。

エルサレムを共通の聖地とする，ユダヤ教，キリスト教，イスラム教はすべて一神教の宗教である。ユダヤ人の祖先であるアブラハムを，信仰の系譜上父祖と仰ぐのでこの3つの宗教をアブラハム宗教と呼ぶこともある。その意味では世界の三大宗教として上記の3つの宗教をあげる人々も少なくない。ユダヤ教では，天地創造の神を唯一神とし，『ヘブライ語聖書』の内容を堅信し，終末の時に現れる救世主（=メシア）がユダヤ教徒をこそ救うとするのが大きな特徴である。

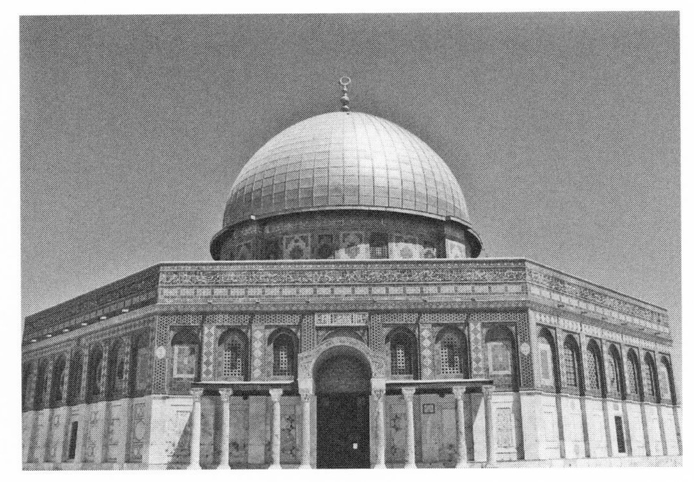

図1-2　岩のドーム

第2節　ユダヤ教の聖典について

ユダヤ教では『ヘブライ語聖書』（キリスト教における『旧約聖書』に相当する）を聖典とする。それ以外のものを唯一神の啓示とはみなさない。この『ヘブライ語聖書』を3つの部分に分け，律法書（トーラー），預言書（ネヴィイーム），諸書（ケトゥヴィーム）と呼ぶ。頭文字をとって全体でタナハと呼ばれる。

トーラーは，広義には神の教え全体を指す言葉である。狭義のトーラーは，『ヘブライ語聖書』の特に法規部分を占めるモーセ五書を指し，とりわけその中に記されたユダヤ法（ハラハー）を指す。ハラハーは歩く，指標といった意味の言葉である。モーセ五書には神が定めた命令が613あり，ミツヴァ（命令，戒律）と呼ばれる。ユダヤ教徒にとってミツヴァは遵守されるべきものである。

モーセ五書とは，『ヘブライ語聖書』内の「**創世記**」「**出エジプト記**」「**レビ記**」「**民数記**」「**申命記**」に該当する箇所である。冒頭の「創世記」「出エジプト記」にかけて人類の誕生からユダヤ人の歴史が記されている。

「**創世記**」の冒頭では，神が6日間でこの世界を創造し，7日目に休んだという記述がある（＝天地創造）。また，最初の人間であるアダムとイブが，楽園

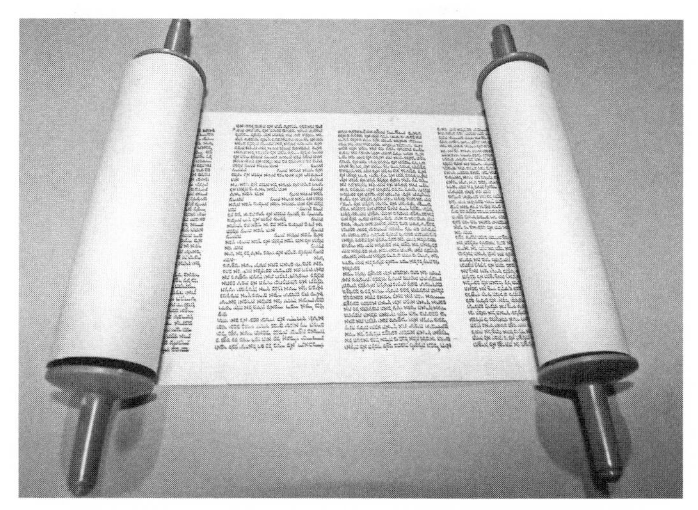

図1-3　トーラー（律法書）　トーラーは原則ヘブライ語で記されている。シナゴーグでは巻物状のトーラーが保管されていて儀礼などに使用される。

であるエデンで過ごしていたが，蛇の姿をとったサタンに唆（そそのか）されて，神によって食べることが禁じられていた禁断の果実を食してしまったため楽園を追われたといった記述がある（＝失楽園）。禁断の果実を口にしてしまったアダムとイブ，そしてその子孫は罪深き存在として原罪を内在する者と「創世記」では規定されている。

こうして原罪を抱える人類の苦難の歴史が「創世記」では記述されている。悪しき行いが絶えない人類を神が洪水で一掃しようと考え，ただし善人であるノアにだけ神の啓示が与えられる。ノアは啓示の通りに方舟を作り，ひとつがいの動物たちとともに洪水の危機から逃れた（＝ノアの方舟）。

時代を経て文明を誇る人類が，天にも届く塔をバベルに建設しようとした。神は神への侮辱的な態度をとる人類が，各々意思疎通できないよう言語を別々のものにした（＝バベルの塔）。

「創世記」では人類の祖先たちの話ののちに，ユダヤ教徒の民族的祖先にあたるアブラハム（イブラーヒーム）の記述がみられる。アブラハムは，息子のイサク，孫のヤコブとともに神に忠実な人物として登場する。アブラハムは神

図 1-4　アダムとイブ　アダムとイブが生命の木より禁断の果実を食べる場面。キリスト教（特にカトリック）によって宗教画の題材として数多く取り上げられる。

への捧げ物として息子のイサクを捧げるよう神の啓示を受け，その通りにイサクを捧げる。イサクもこれを受け入れると，神がアブラハムに恩寵を与え，それ以降は人身御供ではなく，羊の供儀が許された。

「**出エジプト記**」にはさらに具体的なユダヤ教徒の苦難の歴史が綴られている。アブラハムは故郷のメソポタミアを離れ，神の試練を受け，古代イスラエルの民の指導者となって民を導いた。アブラハムの孫ヤコブの 12 人の息子より 12 の部族が成立した。エジプトで過ごしていた彼らが奴隷として使役されるようになった後，モーセの導きによってカナンの地（今のパレスチナ）を目指したこと等が記されている。カナンへの道中，エジプト軍の追手が迫る中，モーセはシナイ半島付近で海が割れる奇跡を起こした。その後エジプト脱出からカナンの地に入るまでの約 40 年間，いくつかの奇跡や戦闘を経験してイス

図1–5　モーセの銅像　写真はベルギーのブルージュにあるモーセの黄金像。手に持つタブレットに刻まれているI〜Xは十戒を示す。

ラエルの民たちはカナンの地にたどり着いたとされる。

この出エジプトの記録の中には，モーセが同胞とともにエジプトを出た後，シナイ山で神の教えであるトーラー，特にモーセ五書を授かったエピソードが詳細に語られている。トーラーの中で，もっとも核心部分とされるのが，以下のモーセの十戒である。ユダヤ教徒にとっては遵守すべき絶対的な倫理規範である。

1. 他の神々の崇拝の禁止
2. 偶像を作ることの禁止
3. 神の名をみだりに唱えることの禁止
4. 安息日を守ること
5. 父母を敬うこと
6. 殺人の禁止
7. 姦淫（かんいん）の禁止
8. 盗みの禁止
9. 隣人に偽証することの禁止

10. 隣人の家を貪ることの禁止

ユダヤ教ではトーラー以外にも，長い歴史の中で形成されてきた伝承が重要視されている。口伝の法伝承であるミシュナやミシュナに対する注釈や討論をまとめたゲマラ等である。ミシュナやゲマラを合わせてタルムードと呼び，人々の敬虔な宗教的生活の指針となっている。

このタルムード等の学習は，長きにわたり各地に離散したユダヤ教徒のアイデンティティを維持する上で大きな役割を果たした。現在でもラビたちを中心に神学的研究は進んでいる。ただし，タルムードはトーラーのような聖典ではなく，ラビ文学とも称され，聖典とは区別されている。

「出エジプト記」に続く「レビ記」「民数記」「申命記」も，引き続きユダヤ教徒たちの歴史が記されているが，特に「レビ記」にはトーラーに関する種々の細則が記されている。性や結婚に関する規定，衣食住に関する規定，刑法にあたる規定や宗教儀礼の規定等，その細則は多岐にわたり，トーラーの核心部分となっている。

第3節　ユダヤ教の宗派について

ユダヤ教にもいくつかの宗派がある。主だったものとしては，正統派，改革派，保守派，再建派，その他の非主流派等である。

正統派（オーソドックス）とは，シェビフタープと呼ばれる記述伝承のトーラーとともに口伝のトーラーを含めて聖典とみなす宗派である。基本的にヘブライ語で礼拝を行い，伝統的なトーラーを厳格に遵守する。シナゴーグでの集会では男女の別を守るなど，その名の通り伝統的な宗派である。

日々の生活規範は，16世紀に作成された法典シュルハン・アルーフを基本としている。シュルハン・アルーフには，トーラーに基づく判決や法慣習が示されており，ユダヤ教の法典の中でも広く参照されるものである。現在の正統派は，近代的教育を進めるなど世俗的な側面もある。したがって，東部ヨーロッパを起源とする厳格で伝統的な宗派は，超正統派（ハレディーム）として区別される。

図1-6　嘆きの壁に向かって祈るラビたち　超正統派は，特に厳格な宗教生活を送る人々で黒い帽子や黒服を着用している。またペアーと呼ばれるもみあげを巻き毛にして頬まで伸ばす髪型をしている。

改革派は，19世紀のはじめにドイツで起きてイギリスやアメリカに広まった宗派である。名前の通り改革を旨とし，宗教方針や慣習に対しては簡素化や再解釈を絶えず行っている。改革派は積極的に改宗する人々を受け入れることでも知られる。

改革派では，一般的にシナゴーグでの礼拝にキリスト教的要素を導入している。礼拝にオルガンや合唱隊を取り入れたり，ヘブライ語ではなく，ユダヤ人コミュニティが居住する地の言語での祈りを容認している。戒律なども現代社会に合わせて解釈してきた宗派であり，食事規定の撤廃やユダヤ暦に基づく集団礼拝の日時ではなく，日曜礼拝を認めるなど急進的な内容も認めることがある。イスラエルでは正統派以外は認められておらず，改革派の中心地はアメリカとなっている。

保守派は，20世紀のはじめにアメリカから始まった宗派である。正統派と改革派の中間に位置する宗派として知られる。再建派は，保守派から生まれた宗派で，1922年にラビ・モデルデカイ・カプランが設立した。ユダヤ教を「進化する文明」として捉え，再結成と活性化を試みることを目的とする。

この他，近代以前から存在する各宗派がある。8世紀の半ば，バビロニアで誕生したカライ派は，トーラーのみを権威とする一派である。口伝の法伝承であるミシュナも認めず，ひいてはタルムードの権威も認めない。ミシュナを認めない点では，古代のサドカイ派にも通ずるところがある。厳格な一派として知られ，他の宗派と一線を画する。現在，さまざまな宗派が存在しているが，信徒たちは指導的立場にあるラビを中心とした法解釈に応じて，日々の宗教的生活を営んでいる点では共通している。

第4節　ユダヤ教の形成過程について

ユダヤ教の成立と発展は，イスラエルの民として歩んだ彼らの歴史と切り離すことができないものである。以下，ユダヤ教の形成過程について概略しておく。

トーラーによれば，40年間の流浪の末にイスラエルの民はカナンの地に居住することとなった。士師たちによる統治を経て，イスラエル部族の連合体となって部族ごとに王を戴くようになる。やがて，単独の王がイスラエル部族全体を統治するようになる。

サウル，ダヴィデ，ソロモン王によってイスラエルの民たちの王国全体が拡大・繁栄していった。ソロモン王の時代にはエルサレムに神殿が建設されてさまざまな動物供儀が行われていたことが知られる。同時に唯一神ヤハウェに背いた者は預言者たちによって弾劾されていた。当時，周辺のエジプト等では太陽神ラーや死後の世界を支配するオシリス神など多神教を信奉しており，一線を画する状態であった。

その後，イスラエルの連合体は北のイスラエル王国と南のユダ王国に分裂する。やがてイスラエル王国はアッシリアに，ユダ王国はバビロニアに支配されることになった。バビロニアに制圧されたユダ王国からは，多数のユダヤ人（特に指導者などの上層部）がバビロンに連行された。紀元前586年の第二次バビロン捕囚により，国土の消滅や指導者の欠如からユダヤ人は各地に離散（＝**ディアスポラ**）していくこととなる。

やがて，アケメネス朝ペルシアのキュロス王によってバビロニアは滅亡する。

捕囚されていたユダヤ人たちはエルサレムの地に帰還した（ただしバビロンに残る者もあり，これをディアスポラの端初とする説もある）。彼らはエルサレムに第二の神殿を再建した。再び王国の形をとったが，王権末期のヘロデ王の時代にはローマ帝国の傀儡（かいらい）と化した。こうした政治的状況を含み，神殿・礼拝重視のサドカイ派と律法・信仰重視のパリサイ派の対立が高まっていくことになる。数多くの預言者が登場し，やがてイエス・キリストが歴史上に登場することになる。

ユダヤ戦争を経て，紀元70年ローマ皇帝ティトスらによってエルサレムは包囲・陥落させられ，第二神殿は完全に破壊された。これにより，神殿を中心とした宗教的儀礼などを重視するサドカイ派の相対的地位が低くなり，信仰の重要性を説くパリサイ派が台頭してくることになる。神殿を破壊されて多くの民がディアスポラを余儀なくされることとなった。

こうした歴史的な苦難に対して，ユダヤ教徒の一部から神からの懲罰あるいはイスラエルの民こそ神に選ばれた民族であると解釈する者も現れた。いわゆる選民思想であり，ヤハウェの神の唯一性や絶対性も強まることとなった。

各地に離散した人々は，ケヒラーと呼ばれる自治共同体を形成し，トーラーやハラハーに沿った生活を維持することに注力した。信仰実践の場として神殿ではなく集会所であるシナゴーグが設立されていく。信仰を示すトーラーの遵守の観点から，トーラーの読誦や議論も活発となったとされる。

律法主義を強調されるユダヤ教であるが，トーラーを遵守することによって，ユダヤ人としてのアイデンティティを保持し，生活を守ってきたことが知られる。宗教的指導者の位置にあるラビが，過去の膨大な教義や伝承を収集し，議論を重ねながら口伝トーラーを作成・継承した。口伝の教えとその解釈を記した宗教的百科全書ともいえるタルムードも編纂されて，ユダヤ教の教義は確立していくことになる。

ローマ帝国におけるキリスト教国教化などを含め，中世の中東・ヨーロッパ世界は，主にイスラム教圏とキリスト教圏に二分された。ユダヤ教徒たちが離散したのちに居住したのはほぼいずれかの宗教圏である。したがって，ユダヤ教徒たちは，各地域で常にマイノリティとして存在することとなった。近代国家ができて以降は，国家政策として時に大きな迫害を受けることにもなる。ゲットーと呼ばれる閉鎖地区での強制的な移住生活などがその一例である。

時代や国家によってユダヤ教徒の待遇はかなり異なったようである。イスラム教圏のユダヤ人コミュニティは，啓典の民として，一定の保護を受けていた。王朝に仕えるエリートも多く，アイユーブ朝のサラディーンの侍医も務めた思想家マイモニデス（1135-1204）などが有名である。ミシュナやタルムード研究を行うアカデミーも存在し，比較的自由な信仰が育まれていたことが知られる。

他方，キリスト教圏に居住したユダヤ教徒は，金融業に従事する点や聖書にあるキリスト殺しのユダヤ人のイメージ等から忌避される存在とされた。キリスト教圏，イスラム教圏ともに，ユダヤ教徒は主に金融業に従事していたが，土地をもたない彼らの就業できる職業が限られていたためであり，またキリスト教徒，イスラム教徒ともに同宗教を信仰する者同士での利子をとることが禁止されていたためでもある。

これは聖書の「申命記」にある「異邦人には利子を付けて貸し付けても良いが，あなたの兄弟に貸すときには利子をとってはならない」の記述によるところが大きい。このため，ユダヤ教徒によっての異教徒（キリスト教徒，イスラム教徒）への貸し付けであれば容認するという解釈が成り立つところによるものである。

こうした中世の歴史的背景の下，ユダヤ教の神学的研究では形而上学的な思想も登場してくる。無限の存在である神から段階を経て流出したのがこの世界や人間であるという考えから，神を中心とした世界の構造を理解しようとする**カバラー**という神学的解釈が発達した。例えば，セフィロートの樹（神の流出を描く一種のマンダラのような宇宙観を表現したもの）によって世界の様相を理解しようとする思想が発展した。セフィロートの樹は，聖書に出てくる生命の木をモチーフとしており，10個の属性とそれをつなぐ22の小径が描かれている。カバラーの発展は，やがて霊魂や天性についての議論等を引き起こし，一種の神秘主義の流行に寄与した。

二大宗教圏に変化が訪れるのは，十字軍などの影響が大きい。1492年にスペイン王国が成立すると，イベリア半島からイスラム勢力が駆逐され，ヨーロッパの多くがキリスト教圏となった。王国成立とともに，イベリア半島に定住していたスファルディームと呼ばれるユダヤ教徒たちは国外への退去，もしくはキリスト教への改宗を迫られた。追放されたユダヤ教徒の多くはオランダやトルコへと逃れた。キリスト教へ改宗する者もあったが，改宗者はマラーノという蔑称で呼ばれて差別されたことが知られる。

やがてウクライナやポーランドといった東欧地域でも反ユダヤ運動が激しくなる。ドイツ中部以東に定住していたアシュケナジームと呼ばれるユダヤ教徒たちも移民政策に翻弄され，ヨーロッパ各地や新大陸へ移り住んでいくことになった。

17世紀に入ると，トルコで自らメシアを標榜するシャブタイ・ツヴィ（1627-1676）が率いるメシアニズム運動（＝救世主待望運動）などが起こった。ユダヤ人への迫害の中から生まれたこのシャブタイ派は，急進的なカバラー思想を教義に含んでおり，正統派からは異端とみなされた。この運動は最終的にツヴィがイスラム教に改宗することで終焉を迎えることになる。

18世紀に入ると，近代国家が台頭してくることになる。神聖ローマ帝国で宗教寛容令が発布され，フランスではナポレオンがユダヤ教徒を会議に召集して議論する等，ヨーロッパ各地でユダヤ教徒たちが市民権を得ていく。ただしユダヤ教徒のコミュニティの受容は，ヨーロッパにあっても地域差があった。ユダヤ教徒を受容する方向に動いた国々でも，反ユダヤ思想といったものが根強く残ることとなる。こうした状況下，ユダヤ教徒たちは自らの理性に働きかけ，個々人の信仰実践と神との合一を目指すハシディズム（敬虔主義）などの新たな思想的潮流を生み出した。カバラーの伝統を引き継ぐハシディズムは，神秘主義的側面をもち，主に東ヨーロッパに拡大することになる。他方，西ヨーロッパの方では，世俗的な諸文化や近代ヨーロッパ哲学を受容しようとするハスカラー（啓蒙主義）が流行する。

19世紀に入ると，ハスカラーの影響によりヨーロッパやアメリカではユダヤ教の改革が進んだ。ユダヤ教徒自らキリスト教社会に進出し，国民としての意識を高め，現在の改革派の基盤が生まれた。他方，近代化の弊害としてロシア帝国領内では大規模なユダヤ人迫害（ポグロム）が頻発した。フランスでもユダヤ人将校であるドレフュスが逮捕されるドレフュス事件が起こり，国民国家としての民族の共生が進んだようにみえたが，反ユダヤ主義が顕在化するようになった。

図 1–7　旧アウシュビッツ強制収容所の入り口や外観　旧アウシュビッツ強制収容所の門に，ARBEIT MACHT FREI「働く者には自由を」の文字が掲げられている。当時のことを忘れないように保存されている。

こうした各国の対応によって，欧米諸国以外の地にユダヤ教徒の国家を建設しようとする**シオニズム運動**が展開することとなる。シオニズム運動は，かつてソロモン王の建設した神殿があったとされるシオンの丘に帰ろうというスローガンを掲げたものである。当初は一種の運動であり，全ユダヤ教徒が賛同したものではなかった。また，ユダヤ人国家の建設はパレスチナ地域に固執したものでもなかったが，やがて同地域へのイスラエル国家建設を望む声へと変貌していく。

シオニズム運動はナチス・ドイツによるゲットーへの強制収容や大量虐殺（ホロコースト，ユダヤ教徒はショアー（絶滅）と呼ぶ）の拡大を受け，ヨーロッパやロシアに居住するユダヤ教徒たちに支持されることになる。ホロコーストから逃れるための国家が望まれたわけだが，当時パレスチナ地域に広く居住していたアラブ人（パレスチナ人）たちの存在は十分に考慮されずに国家建設の気運が高まることとなった。

結果として第二次世界大戦後，イギリスの委任統治領を経て，1948 年にパレスチナ地域にイスラエルが建国されることになった。各地に離散したユダヤ教徒たちがイスラエルに入国する一方で，多くのパレスチナ人たちが難民となり，周辺のアラブ諸国との軋轢を生んだ。周辺国との対立は四度にもわたる中東戦争などを引き起こすが，いまだ問題解決には至っていない。ユダヤ教徒自体の多元化，周辺諸国との関係性など，現在でもパレスチナ問題として国際的な課題となっている。現在，エルサレム市内には分離壁が存在するなど各民族・宗教間の軋轢の解消は困難な状態にある。

第5節　ユダヤ教の宗教儀礼について

ユダヤ教はイスラエルの民を中心とした宗教であり，特定の開祖という概念は希薄である。キリスト教のカトリックのような宗教指導者の位階制度は存在しない。また，仏教やヒンドゥー教のように何らかの修行を行うといった側面も持ち合わせない。

ラビはユダヤ教学に精通した人物であり，一般的にトーラーの解釈や法的判断を信徒に説くが，日々シナゴーグの管理やシナゴーグを訪れる人々の相談に対応する世俗的な存在である。ユダヤ教では結婚し子を持つことを重視するので，ラビは妻帯者であることも少なくない。歴史的に女性のラビは認められていないが，改革派や保守派では女性のラビを認めるところもある。

日々の生活

ユダヤ教徒が集う集会所はシナゴーグと呼ばれ，ユダヤ教徒の信仰実践の中心地である。祈りを捧げるエルサレムの方向にトーラーの巻物を保管する聖櫃が設置され，トーラーを朗読する台を信徒の席がとり囲むようになっている。日々の祈りは朝昼夕の3回が基本で，食事の前後にも神に祈りを捧げる。祈りを行う場所は家や外出先でも良いが，シナゴーグで行うことが推奨されている。安息日や祝祭にはさらに追加で礼拝が行われたりする。

ユダヤ教の安息日（シャバット）は，金曜日の日没から土曜日の日没に当たる（イスラエルでは安息日を考慮し，土曜日が国民の祝日にあたる）。聖書の「創世紀」に「夕べがあり朝があった」と記されていることから，ユダヤ教では1日を日没から始まり，日没で終わると考えるためである。安息日は神が6日間の天地創造を終えた後に休息した聖なる日であることから，一切の労働が禁じられている。神の御業とともに労働者保護の一環から始まったとされるが，現在は働かないことそれ自体を重視する宗派もある。

安息日に入る直前に2本の蠟燭に火をともして安息日を迎え，聖別して家族，親族，友人が集まり食卓を囲む。安息日中は神との聖なる関係を見直す時間と

図1-8　シナゴーグ内部　ダビデの五芒星や燭台がみられる。

して過ごす。一切の労働が禁止となっているが，何を労働とみなすかについては時代や場所によってラビたちの解釈も多様である。

伝統的に火を点火することを禁止するため，食事に関しては安息日の期間以前に調理を済ませておくのが一般的である（種火の調整は許されている）。敬虔なユダヤ教徒の場合，電化製品のスイッチやエレベーターのボタンを押すことも避ける。車の運転なども労働とみなされるため，公共交通機関も停止し，大工仕事なども原則禁止である。

安息日の過ごし方としては，シナゴーグでの礼拝などが推奨されている。家庭では家族とともに神に祈ったり静かに過ごす。親しい友人などを家に招いて晩餐を共にしたり，歓談することを楽しむ日でもある。

ユダヤ教徒は，ハラハーに基づき，衣服や食事の規定を遵守する。ユダヤ人男性は，ヤルムルケあるいはキッパと呼ばれる小さな丸い帽子をかぶっている（宗派によって礼拝のときだけ頭にのせることもある）。また，「レビ記」において，「顔の端の髪の毛を切ってはならない」という項目があることから，あごひげを生やす者も多い。

そして，正統派の男性の服装として四隅に紐の房（ツィツィート）のついたタリートと呼ばれる着衣を身につける。「民数記」に「衣服の四隅に房を縫いつけなさい。（中略）あなたたちがそれを見るとき，主の全ての命令を思い出

図1-9　祈るイスラエル人

して守るためである」と記されているためである。

ユダヤ人女性は，慎み深い服装を心がけ，超正統派の間では，既婚女性は常に頭髪をかぶっていなければならないとし，かつらをかぶる人もいる。礼拝のときは，ショールの形をしたタリートをかぶるのが通例である。

加えて，男性は女性の服を着てはいけないし，女性が男性の服を着てはいけない。それゆえ，正統派の若い女性がジーンズなどをはくことを良しとしないこともある。

ユダヤ教徒は食事規定も厳格に守る。食事規定は，聖書の「レビ記」や「申命記」に主に記載されており，食べても良い適正な食品を**コシェル**（もしくはカシュルート）と呼ぶ。コシェルは許されたものを意味するヘブライ語で，イスラエルではコシェル食品には認可のマークがつけられている。厳密な食事規定は，他宗教との差別化をはかり，祭礼などの共同実施を避けるために制定されたという説もある。

コシェルの一例は以下の通りである。

- 4つ足の蹄が全く分かれており，反芻をする動物は食べても良い（それゆえ，反芻しない豚や蹄が分かれていないように見えるラクダは食用禁止である。猛禽類もすべてコシェルに該当しない）。
- 海や川，湖に住む生き物でヒレと鱗の両方あるものは食べても良い（ヒレと鱗のないものは海のものでも川のものでも食すことはできない。甲殻類や貝類等，鱗が見えづらいウナギなども避ける）。
- 鳥の中では，ハゲタカやハヤブサなどの猛禽類，カラスやダチョウなども食べてはならない。
- 昆虫の中では，イナゴやバッタ等の4種類の虫は食べても良いが，それ以外は食べてはならない。

肉類については，野外で他の獣によって殺された動物や自然死した動物等も口にしてはならないとされる（傷や欠陥のある動物，病死した動物の食用禁止）。そもそも資格をもつ屠殺人によって屠殺された肉以外は原則口にできない。刃物を素早く引いて喉を引き裂き，屠殺後は血がすぐに流れるようにつるしておく必要がある。血を口にすることは厳禁であるため，血抜きをしていない動物を食することはできない。

また，「子山羊を，その母の乳で煮てはならない」という聖書の文言から，肉類と乳製品の混食が禁止されている。例えば，チーズバーガー等を食したり，食事直後のコーヒーにミルクを入れることも避ける（数時間空けての摂取は可能）。

同種の産物を使った食事も禁止のため，例えば親子丼のようなものも原則食べることはできない。他方，野菜や果物，穀物やはちみつ，乳製品などについての厳しい規定は存在していない。

口にする食材以外にも，食事の調理法や調理場所に関する規定がある。肉類と乳製品は混食だけでなく，混用も厳禁とされる。それゆえ，調理台，シンク，冷蔵庫，皿洗い機に至るまで肉類用と乳製品用等を用意する。こうした事情により，宗教的でないレストランで出される食事や異教徒の家で用意された食事を口にしない家庭もある。

通過儀礼

一生の中で経験する宗教的儀礼はいくつか存在する。重要かつユダヤ教に特有なものとしては，通過儀礼の一つである**割礼**がある。割礼はユダヤ教だけの習慣ではないが，生後8日目の男児に行われ，神との契約の印とみなされる。モヘルと呼ばれる専門家によってシナゴーグあるいは家庭で施されるのが一般的である。性器の包皮を一部切除する儀礼で「創世記」の記述に由来する儀礼である。

男子はヘブライ語の名前をもらい，儀礼後は祝いの席がもうけられる。女子の場合も男性同様の誕生を祝う儀式の導入が検討されているが，男性のような割礼の儀礼が行われることはない。

男子は3歳よりトーラーを学び始め，13歳で**バル・ミツヴァ**（＝律法の息子）と呼ばれる宗教的な成人式を迎える。13歳の少年が誕生日の週の安息日にシナゴークの檀に上ってトーラーの朗読を行ったりする。バル・ミツヴァを迎えた男子はユダヤ教徒のコミュニティにおける成人とみなされる（この年齢を迎えることで，シナゴーグで行われる祈りに必要な成員に数えられる）。

最近は男女平等の思想にならって，女子の成人式としてバツ・ミツヴァ（＝律法の娘）が行われることもある。12歳で成人に達するとされるが，バル・ミツヴァのようにトーラーを朗読するといったことはない。こうした男女平等の動きは，ユダヤの伝統を保持するとともに世俗化を目指す傾向によるものである。

成人式後，ユダヤ教徒にとって大きな通過儀礼となるのは結婚式である。家庭を築き，子孫を残すことを重視するユダヤ教では，結婚式は人生の一大イベントである。近年は一般的な公教育を受け，大学などに進学した後に結婚する人も少なくない。したがって，非ユダヤ人の配偶者を選ぶ人も多い。結婚でユダヤ教徒のコミュニティから離脱する人々もいれば，ユダヤ人男性と非ユダヤ人女性との結婚の場合は，女性側の改宗という道を選ぶといったこともある。正統派は改宗を認めるが，結婚を理由としてではなく，あくまでもコミュニティの一員になることを条件として改宗を認める。ユダヤ教徒になるためには，厳しい試験にパスしなければならないため，かなり時間がかかる人もいる。コミュニティに受け入れられると，男女共に浸水儀礼を経て信者となれる。

ユダヤ教徒にとって結婚は正しいこととして推奨されるものであり，一夫一妻制が基本となっている。ユダヤ教徒の結婚式は，婚約式と結婚式の2段階に分かれる。ラビの祝福をフッパーと呼ばれる天蓋の下で受ける。新郎新婦を扶養する両親の立ち会いの下，ケトゥバー（結婚契約書）に証人が署名をする。

結婚契約書は美しく装飾がなされ，記念品として大事に保管される。ケトゥバーに署名をした後，新郎新婦がグラスからワインを飲み，新郎は新婦の指に指輪をはめる。誓いと7つの祝禱が唱えられた後，儀式の終わりに新郎がグラスを割るのがユダヤ教の結婚式の特徴である。

結婚に対して，離婚は忌避すべきものと考えられている。離婚は不可能ではないが，原則的に夫側からしか離縁状を発行できない。夫が不貞を働いた場合や行方不明になった場合等でも妻側から離婚の申し立てや再婚が原則できないが，こうした現代社会に合わない非合理な法規については見直されつつある。

ユダヤ教の通過儀礼の中で，葬式は他の儀礼に比べて簡素である。人が亡くなると，遺体は早急に埋葬される。安息日は避けるが，基本亡くなった日あるいは翌日に埋葬される。正統派では律法にかなった方法で清められた後，麻か綿の簡素な覆いで包んで埋葬される。埋葬されるまで，死者を一人にはしないよう配慮がなされる。棺には一切の金属を使うことが許されない。

埋葬地まではラビが先導して向かう。祈りを捧げながら土葬される。最後には神を讃えて平和を願う祈りであるカディッシュが唱えられる。葬儀の後，死者の家族はシヴァーと呼ばれる7日間の喪に服す。1週間の間に多くの弔問客を迎えるため，シナゴーグに行く以外に家族の者は家を離れない。

シヴァーの期間は1日3回の礼拝に合わせて，カディッシュを唱え続ける。その後30日間の軽い喪に服すのが一般的である。カディッシュを唱えることは続けるが，日常生活に戻る（故人が両親である場合は，喪に服す期間は1年間とされる）。

カディッシュはシナゴーグに10人の成人男性が集まったときにのみ唱えることのできる祈りであるから，服喪期間はシナゴーグの礼拝に出席する義務がある。服喪期間が過ぎた後も，ヤールツァイトと呼ばれる記念日に死者を偲ぶ。1日中ろうそくに火を灯して死者を悼む。

図1-10　プリムの時期に食べるハマンタッシェン　プリムの時に食べるお菓子。ハヌカーを祝う時にもお菓子が振る舞われる。

年中行事

ユダヤ教の年中行事としては，出エジプトを記念する過越の祭（**ペサハ**）や仮庵の祭（**スコート**）がある。他にも新年祭（**ローシュ・ハシュナ**）などがあり，シナゴーグでの礼拝等を行うのが一般的である。

過越の祭（ペサハ）では，エジプトの圧政から逃れる際，パン種に酵母を入れる時間もなく急いでエジプトを出立したことにちなみ，家から酵母の入った食品類を一掃して酵母の入った食品は口にしない日々を過ごす。祭りの初日はセデルと呼ばれる儀礼的な食事を家族や親しい人々と囲み，イースト菌を入れないパン（マッツァー）等を食す。式次第（ハガダー）に従って，聖書を輪読しながら出エジプトを追体験することが重視されている。

新年祭（ローシュ・ハシュナ）の10日後の大贖罪日（**ヨム・キプル**）は断食し，シナゴーグで祈る。ヨム・キプルでは罪を払う儀式として生きた鶏を頭にかざし，象徴的な死を与える儀礼が行われる。この儀式によって過去に人が犯した罪を払う。

大贖罪日（ヨム・キプル）の８日後に行われるのが仮庵の祭（スコート）である。この期間は，出エジプトの後にシナイ山で放浪生活を送った祖先を偲び，ベランダや庭などに仮庵を作って食事や宿泊をする。かつては仮の小屋で生活をしていたが，現在は一時的な滞在であるケースも多い。古くは収穫祭の意味合いもあり，供儀を伴う儀式も行われていた。

他にも謝肉祭にあたるプリムや五旬祭にあたるハヌカー（・シャブオート）がある。プリムでは，「エステル記」の朗読や伝統的なお菓子を食べる。子供を中心に仮装をするが，かつてユダヤ人が仮装により虐殺を逃れたことに起因しており，春の訪れを祝う祭りでもある。こうした行事はユダヤ人の歴史を記憶し，追体験する機会となっている。

また，ユダヤ教では年に6回の断食を行う日が存在する。断食日は，ヨム・キプル，ティシュアー・ベ＝アーブ，ゲダイヤの断食，テヴェトの10日，タンムズの17日，エステルの断食日となっている。一切の飲食を断ち，薬を服用することや歯磨きすることも禁止されている。体を洗ったり，性行為を行うことをせずに過ごすのが一般的である。テヴェトの10日は，ナチスのホロコーストで亡くなった600万人のユダヤ人を追悼する日である。

第2章　キリスト教の基礎知識

第1節　キリスト教の概要

キリスト教は，母体となるユダヤ教と共通した唯一神信仰を特徴とする宗教である。ユダヤ教と異なる点としては，父なる神ヤハウェ，神の子イエス，聖霊を三位一体とし，唯一の存在であるとみなす点である（公会議での決定から正統派の統一見解となった）。また，ユダヤ教の形式的な律法主義等を批判し，神の愛（＝**アガペー**）はすべての人に無差別に与えられるものとする。

開祖**イエス・キリスト**の復活を信じる宗教集団として，12使徒を中心として紀元30年頃に創始したとみるのが一般的である。基本的にイエス・キリストの教えに基づき，彼を神の子キリスト，人々を救う**救世主**（＝**メシア**）として信仰し，その福音に救いを求める宗教である。

宗派は主に**カトリック**，**プロテスタント**，**東方正教会**等がある。エジプトのコプトのような東方諸教会やモルモン教等キリスト教から派生した宗教もある。宗派ごとに聖地が存在し，カトリックの総本山であるサン・ピエトロ大聖堂や東方正教会のアトス山が有名である。カトリックでは数多くの聖人を列聖しており，聖人にゆかりのある教会なども聖地として多くの人が訪れる場所となっている。

聖典は，ユダヤ教における『ヘブライ語聖書』にあたる『**旧約聖書**』と新たに作られた『**新約聖書**』である。『新約聖書』は，イエスの言行録である福音がまとめられた福音書が中心となっている。

宗教施設としては，祈りを捧げる場として教会が存在する。カトリックや東方正教会では宗教指導者にあたる神父（司祭）が，プロテスタントでは牧師が教会を管理している。偶像崇拝も基本的に禁止であるが，布教のために容認するカトリックや十字架以外は認めないプロテスタントなど宗派によって偶像の扱いは異なる。

また，キリスト教の死生観として，生前の行いが死後の裁きにつながると考えられている。善き人生を送った者は天国へ，悪しき人生を送った者は地獄へ赴くと考えられる（カトリックでは天国と地獄の間に煉獄（れんごく）が存在するとし，生前の罪の行いを煉獄で償うことで最終的に天国に向かうことができるとする）。

布教活動を認めるキリスト教は現在，宗教人口が世界第1位の宗教として世界各地で信仰されている。ヨーロッパをはじめ，南北アメリカ大陸全般，アフリカの中部から南部にかけて主に信仰されている。

宗派の分布としては，北欧やイギリスなどの北西ヨーロッパにプロテスタント諸派が多く，フランス以南のラテン民族が暮らす地域ではカトリックが多い。ヨーロッパ全体ではカトリック教徒の方が多数派である。

北米では，イギリスから移住した移民を中心にアメリカ合衆国が建国されたこともあり，プロテスタント諸派の勢力が強い。奴隷貿易によってアメリカにやってきた黒人もプロテスタントを信仰している人が多数派である。ラテンアメリカでは全体としてカトリック信者が多い。16世紀以降，スペイン及びポルトガルによる植民地化が進行し，カトリック修道会による宣教活動が盛んに行われた結果である。同様に，16世紀にスペイン統治下であったフィリピンでもカトリックが熱心に信仰されている。

中南アフリカは植民地支配の結果キリスト教信仰が根付いたが，北アフリカには古代キリスト教の伝統が続く地域もある。エジプトのコプト教会やレバノンのマロン派などが代表例である。今日，世界のキリスト教人口の6割以上は非ヨーロッパの国々の信徒で占められている。20世紀を通じて，ヨーロッパではキリスト教の影響力は著しく低下し，その間にキリスト教の中心はヨーロッパから非ヨーロッパへと移行した。

現在，日本のキリスト教人口は全人口の1%程度であり，ほとんどがカトリックもしくはプロテスタントの信徒である。イエズス会宣教師フランシスコ・ザビエルによってキリスト教（カトリック）が伝わったとされ，プロテスタントの宣教活動は幕末に始まり，明治時代に本格化した。同時期に東方正教会に

図 2-1　グアダルーペの聖母　欧米諸国以外では，キリスト教も独自色が強い傾向にある。メキシコ等ではグアダルーペの聖母などのマリア信仰なども篤い。

含まれるロシア正教会も日本に入り，現在は日本正教会（ハリストス正教会）が東方正教会に属している。

長老派，会衆派，メソジスト派，バプテスト派等のプロテスタント諸派は，それぞれ基本的に独立した教派であるが，日本においては 1941 年に 3 つの教派が合同して，日本基督教団の成立に至っている。

20 世紀に入ると，こうして世界各地で信仰されるキリスト教の多様性を認めるとともに，再一致を目指す教会再一致運動（**エキュメニズム**）が活発となる。プロテスタント諸派からの活動としてスタートし，1960 年代に入って東方正教会も賛同の意を示すようになる。カトリックにおいても，1962–1965 年に開催された第二バチカン公会議で，「エキュメニズムに関する教令」が採択され，再一致に向けて努力することなどが基本路線として確認された。こうした活動が，さらにキリスト教と他の諸宗教との宗教対話の道を開いている。

第 2 節　キリスト教の開祖について

キリスト教の開祖は，イエス・キリストである。大工ヨセフと母マリアの子として育つが，マリアは神の子を宿したと天使ガブリエルから受胎告知されたとされている。イエスの誕生については，『新約聖書』の中にある福音書に記載がある。史実性を認めることが難しい箇所もあるが，いずれの教派もマリアの処女懐胎や東方の三賢人による祝福といった奇跡的な事績を記している。

現状，イエスの生誕年については，およそ紀元前6–4年と推定されている。西暦年は，かつてイエスの生まれ年をA.D.1年とし，それ以前を紀元前B.C.とするところからきているが，研究が進展してイエスの生まれ年については実際の西暦では1年目にあたらない。A.D.とはAnno Domini（主の年に），B.C.はBefore Christ（キリスト（登場）前）の略号である。

イエスは，ローマ帝国支配下の今のパレスチナの一角にあたるベツレヘムに生まれたが，幼少の頃はヘロデ王の弾圧を恐れて，一時エジプトに避難したとされる。ヘロデ王の死後にベツレヘムに戻り，ナザレの街で暮らした。ローマ総督にピラトが就任した紀元28年頃，およそ30歳前後となったイエスは宗教活動を開始したとされる。当初はヨルダン川におけるヨハネの洗礼運動に加わり，その後ヨハネより洗礼（**バプテスマ**）を受けて独立をし，「時は満ち，神の国は近づいた。悔い改めて福音を信じなさい」（マルコ1章15節）等と神からの福音を説くようになる。

イエスが説いた福音とは，主に神の人間に対する愛（アガペー）である。アガペーは見返りを求めない無差別，無償の愛であり，人間も神の愛に倣って全ての人間を平等に愛するべきであるとする。キリスト教徒は神同様の愛をもって自分の隣人に接するべきであるとした。この神の愛に倣った人間のもつべき愛を**隣人愛**と呼ぶ。

2年ほどガリラヤ地方で活動した後，紀元30年頃にイエスはエルサレムに赴いたとされる。エルサレムでの活動の中で，イエスをメシア（救世主）として認めないユダヤ教徒たちからメシアを僭称する者として訴えられ，神を冒瀆する者として裁判にかけられた。その結果十字架の刑に処せられることになる。死刑執行が行われる前に，弟子にあたる**12使徒**と最後の晩餐を行ったことは有名である。

処刑場であるゴルゴダの丘までイエス自身が十字架を担いだとされ，イエスは2人の盗賊とともに十字架刑に処されたが，後に復活したとされ，ペテロな

図2-2　洗礼を授けるヨハネと受洗者イエス　入信の際に行われるバプテスマは，イエスがヨハネに洗礼されたことに由来する。ただし，ペテロなどイエスの弟子たちの洗礼に関する記述は存在しない。

どがその証人となり，「イエスはキリスト（＝メシア，救世主）である」との信仰が確立したとされる。

このイエス・キリストの復活を信じることが，キリスト教の根本にある。イエスの処刑は金曜日に行われ，3日目の日曜日に復活したと考えられている（金曜日を1日目と数える）。それゆえ，キリスト教では基本的に日曜日を安息日として集団礼拝を行う。

第3節　キリスト教の形成過程について

イエスの死（キリストの昇天）後，キリスト教の布教活動は12使徒を中心として行われた。12使徒は，ペテロ，アンデレ，ヤコブ，ヨハネ，ピリポ，バルトロマイ，マタイ，トマス，アルバヨの子ヤコブ，タダイ，シモン，イスカリオテのユダとされる（ユダがイエスを裏切ったことから，マッテアに代わるとするものもある）。

12使徒のうち，ペテロやヨハネ等はエルサレムを拠点として，イエスの名の下に奇跡的な病気治癒をみせる等の奇跡を行った。イエスの兄弟であるヤコブがエルサレムで中心的な人物となり，活動が軌道にのると，ペテロは各地を巡回するようになる。ペテロはイエスの最初の弟子とされ，本名をシモンといったが，イエスが彼に「あなたはペテロ（=岩）で私はこの岩の上に私の教会を立てる」と語ったとされる人物である。

ペテロは処刑の際にイエスの弟子であることを否定したが，イエスの復活の最初の証人ともなった。ローマへの布教にも力を注ぎ，皇帝ネロの迫害を受けて殉教している。ローマ・カトリック教会の創設者であり，初代教皇としてローマ・カトリック教会の礎を築いた人物として知られる。

また，元々ユダヤ教のパリサイ派の信徒であり，イエスの弟子たちを迫害していたパウロは，異教徒への布教に力を注いだ存在として12使徒同様に尊崇されている人物である（パウロが12使徒の一人に数えられることもある）。ダマスコへの旅の途上でイエスと出会う体験をきっかけに**回心**した（回心とはある宗教から他の宗教に信仰を変えることを指す）。

回心以後は，イエスをキリストとして宣教した。**贖罪**の概念や隣人愛といったキリスト教独自の教義を広く地中海世界に広めた人物として知られる。主にアンティオキアを拠点に，非ユダヤ人への布教を熱心に進めていった。パウロは，地中海沿岸に計4回の伝道旅行を実施しており，その結果，古代ギリシア，ローマ地域にキリスト教が広く伝播した。彼が記した書簡は，「ローマの信徒への手紙」や「ガラテアの信徒への手紙」などとして『新約聖書』の中に収められている。伝道師として活躍する中，パウロもまた皇帝ネロの迫害によってローマにて殉教している。

第一次ユダヤ戦争の結果，紀元70年にエルサレムが陥落し，ローマ軍が常駐することになった。この結果ユダヤ人の離散が起こり，この頃までキリスト教はユダヤ教の分派とみなされていたが，次第にキリスト教がヨーロッパ世界で信仰地域を拡大させていくことになる。『新約聖書』に含まれる4つの福音書もこの頃に編纂されたと推定される。

2世紀に入ると，ローマ帝国内に相当数のキリスト教徒がいる事態となった。宣教活動の範囲も拡大し，エルサレム以外にアンティオキアやコンスタンティノポリスなどがキリスト教の拠点であったことが知られる。ローマの政治家小プリニウス（61–113）はトラヤヌス帝（在位98–117）との往復書簡の中で，当時のキリスト教徒がイエスの復活した日曜日に礼拝を行い，食事を共にしていたと記述している。また，キリスト教徒が皇帝崇拝は偶像崇拝であるとして否定し，イエス・キリストを神として崇め，賛美の歌を歌っていたと記している。

皇帝崇拝を拒否することは国法に触れる当時にあって，トラヤヌス帝はわざわざキリスト教徒を探索する必要はなく，馬鹿げた告発は無罪とするが，それでも逮捕されて処罰される際には棄教すれば許されるとした。

次第にキリスト教の信仰が各地に広まるにつれ，異端者との対立や一種の神秘主義である**グノーシス主義**などが興隆することとなる。グノーシス主義に対し，正統派は使徒信条などを作成して教義の理論化を進めた。

3世紀に入ると，デキウス帝（在位249–251）は臣下にキリスト教徒の探索を命じるなど，その対応はキリスト教徒にとって過酷なものへと移り変わっていく。軍人皇帝であったディオクレティアヌス帝（在位284–305）の大迫害などを経て，最終的にはコンスタンティヌス帝（在位306–337）が発布した313年のミラノ勅令によって迫害の終焉とキリスト教国教化を迎えた。ローマ帝国末期には，教会と信徒を5つの管区に分けて管理するようになる。5つの管区には大司教がおかれた。ローマ，コンスタンティノープル，アレキサンドリア，エルサレム，アンティオキアの5つの管区を五本山と呼ぶ。

巨大な宗教集団となったキリスト教では，教義の統一性を保つことや一般信徒の日常生活に付随する信仰を守ること，厳格な宗教者たちの規律や敬虔な生活を確保することが必要となった。教義の面では聖職者であり神学者でもあった教父たちが活躍することとなる。アウグスティヌス（354–430）などによってキリスト教の教義は神学的な解釈が加えられ，長らくキリスト教社会を支えていくこととなる。

第4節　キリスト教の宗派について

キリスト教は，その勢力拡大の過程で，数多くの宗派が生まれた宗教である。分派の理由はさまざまであるが，キリストやその弟子にあたる使徒たちの死後，教義の統一性を保つことが難しくなったことなどが挙げられる。現在では，キリスト教の伝統と各地域の精霊信仰などが結びついて，独自のキリスト教が信仰される地域もある。その意味では，多様なキリスト教が存在しているが，主な宗派として以下カトリック，プロテスタント，東方正教会の3つについて概観する。

カトリック

カトリックは，バチカン市国（ローマ市郊外）にあるサン・ピエトロ大聖堂を総本山とするキリスト教最大の宗派である。バチカン市国を中心として，宣教師たちの活躍により広く南ヨーロッパや中南米，中南アフリカなどで信仰されている。

サン・ピエトロ大聖堂の名は，初代教皇でありこの地で殉教した使徒ペトロの名に由来する。教皇は代々ペトロの代理人という立場であるが，同時にキリストの代理人という側面も帯びており，ギリシア語で父親という語に由来するパーパの通称で呼ばれる。

ローマの司教座（一般的にローマ教会，ローマ・カトリック教会と呼ばれる）のローマ教皇を最高の指導者とする位階制度が存在するのがカトリックの一大特徴である。カトリックという言葉は，ギリシア語由来で「すべてに従う」という原義から転じ「普遍的」という意味を持つ。325年に開催された第一回ニカイア公会議で宣言されたニカイア信条，381年に開催された第1回コンスタンティノポリス公会議で宣言されたニカイア・コンスタンティノポリス信条，451年に開催されたカルケドン公会議で宣言されたカルケドン信条等，公会議で決定された信条を支持する正統派＝カトリックといえる。

教皇を頂点とする位階制度は，司教，司祭，助祭といった聖職者の職制に関する制度である。2世紀の半ば頃には存在しており，当時からローマ帝国の首都ローマの司教は，他の司教に対して指導的な立場を確立していた。迫害の末にローマ帝国内に広がったキリスト教は，313年にコンスタンティヌス帝によって国教として公認されたことから，体制化を強めた。

宗教指導者の頂点に立つ教皇は，全世界の教皇選出権を持つ枢機卿（教皇を補佐する大司教たちで構成される）の投票（**コンクラーベ**）によって選出される。2013年3月に就任したのが第266代の現教皇フランシスコである。初の南米アルゼンチン出身の教皇として知られ，海外訪問なども積極的に行っている人

図2-3　サン・ピエトロ大聖堂

物である。

教皇を頂点として各地域をまとめる司教や諸教会の管理を行う司祭たちは，神父と呼ばれる。カトリックでは神父は男性のみであり，独身主義を守ることが要求されている。礼拝の際には礼拝服を着用する。

一般信徒よりも神に身を捧げる存在として，修道士や修道女が存在する。修道士，修道女が集う団体のことを修道会と呼び，彼らがそれぞれ共同生活を行う場所のことを修道院と呼ぶ。修道士たちは清貧，貞淑，従順を誓い，全生活を神やキリストに捧げる。基本的に修道院で日々の生活を送り，神への祈りや聖書研究などを行うが，福音伝道や慈善活動などにも努める。

修道会の起源は，3-4世紀のエジプトの隠修士(いんしゅうし)に遡るが，西方キリスト教の修道制の直接の基礎を作ったのは，6世紀はじめにイタリアのモンテ・カッシーノに修道院を建てたベネディクトゥス（480頃-547頃）である。祈りと労働を中心とする彼の作成したベネディクト会会則は，その後の修道会にも大きな影響を及ぼした。

ベネディクト会から独立した修道会には，クリュニー会やシトー会等がある。13世紀には都市で托鉢生活を行うフランシスコ会やドミニコ会が組織され，人々の信仰生活の刷新に尽くすとともに，大学の創立に伴って当時の学問や教

図 2-4 教皇フランシスコ

育に貢献した。神聖ローマ帝国やフランク王国の分裂により，相対的に皇帝より教皇の地位が高まり，地域社会に根ざす教会を中心とする社会が大きな影響力を誇った。16 世紀に宗教改革が起こった際は，イエズス会やカルメル会が組織され，刷新運動として新たな宣教活動や真摯な祈りと霊性に関する研究が進んだ。こうしてイエズス会の宣教が日本や南米その他の地域でも広く展開された。

司祭や修道士たちの中には，殉教者や特別に信仰を集めた人物として，**聖人**として崇敬の対象となっている者もいる。例えばマザーテレサは，世界的にも有名な修道女の一人であり，聖人列聖された存在である。聖人とはキリストの教えに忠実に従う者であり，世界各地へとキリスト教を布教するために尽力した聖職者などを含む。それゆえ，各地の教会ゆかりの聖人が存在したり，聖人等の遺物（聖遺物）が安置されている教会は数多い。聖人の認定にはさまざまな条件があり，原則武器をとって戦った者は列聖されない。聖人候補は年単位で調査が行われて最終的に聖人認定される。1862 年に聖人の列に加えられた日本 26 聖人など，日本生まれの一般信徒も含まれている。

カトリックの典礼については，かつてはどの地域でもラテン語で行われていたが，第二バチカン公会議の後，それぞれの地域の言語で執り行うことが決定

図2–5　幼子イエスを抱く聖アントニオ　フランシスコ・ザビエルなどの修道士は，トンスラと呼ばれる特別な髪型をしていた。現在はこのような髪型をする者はごく少数である。

した。聖書も2500言語以上の言葉に翻訳され，世界各地で読まれている。

カトリックでは通常，子どもが生まれた後，教会で洗礼式（幼児洗礼）を行う。人口中絶や器具を用いた避妊などを公認していないが，現代社会に合わせた変化も少しずつだが見られる。また特に**7つの秘跡**（サクラメント）を重要視する点が特徴的である。7つの秘跡とは，洗礼，堅信，ゆるし，聖餐，叙階，婚姻，病者の塗油である。これについては以下宗教儀礼の節で詳しく後述する。

カトリック最大の教義上の特徴は，普遍的な神の救済と愛（アガペー）である。人類が原罪を負っていても神の恵みを受けるに値すると考える。これは13世紀のスコラ神学者トマス＝アクィナス（1225–1274）によって特に発展された神学思想である。

キリスト教では，本来的に神以外への信仰を禁止するため，偶像崇拝は禁止である。しかしカトリックでは，信仰の具現化とともに布教や一般信徒の指導を目的として偶像を受容している。宣教においてキリスト教信仰を具現化する

図2-6　サンタンドレア・デッラ・ヴァッレ教会のフレスコ画　中世ヨーロッパでは数多くの宗教画が作成された。カトリック教会は内部も荘厳な装飾に彩られている。

手段として，彫刻や絵画のみならず，音楽や建築といったさまざまな方法が積極的にとられている。教会内部には，幼子イエスを抱いた聖母マリアの像や聖人の像，十字架に磔にされたキリスト像等がみられる。現在でも聖書の世界をモチーフとした芸術作品が数多く生み出されている。

プロテスタント

16世紀に起こった**宗教改革**によって，カトリックから分派したのがプロテスタントである。しかし，プロテスタントを一言で語るのは大変難しい。プロテスタントの中にさらに諸会派が存在しており，公同教会として一つの教会としながらも，それぞれの会派が異なる教会組織，礼拝様式，教理の重要点，聖書の解釈等を有する。

プロテスタントの発端は，1517年にマルティン・ルター（1483–1546）が当時のカトリック教会が行なっていた贖宥状の販売について，意見交換するためにヴィッテンベルク城教会の扉に張り出した「95箇条の提題」である。贖宥状とは，当時カトリック教会が罪の許しに対する償いを軽減するために販売した証明書のことである。自身の罪だけでなく，煉獄の死者の罰を軽減するとみ

図 2-7　ドレスデンにあるフラウエン教会のルター像

なされた。キリスト教の死生観では，良き人生を送った者は天国へ，悪しき人生を送った者は地獄に行くと考える。ただしカトリックでは，煉獄で生前の罪の償いをすれば最終的にどのような魂でも天国に行けるとし，煉獄の住人が一刻も早く救われるために贖宥状が有効であるとしたのである。

この贖宥状の存在をめぐって，ルターはカトリック神学への批判的意見を述べた。彼は，教皇の権威を否定し，人は信仰によってのみ救われ，聖書のみを権威として認めるべきであるといった信仰義認説を提示した。同時に神と信者の関係は，聖職者が介入するものではない直接的なものであるとする**万人祭司主義**を唱えた。こうしたルターの思想に同調した，当時のカトリック教会に不満を抱いていた人々によって，大規模な宗教運動が展開していくこととなる。プロテスタントは各会派や諸教会によって教義の点で異なることも多いが，このルターが提示した個人の信仰，聖書の権威，万人祭司主義等は共通している。

この宗教運動を制御しようとしたカール5世（1500–1558）に対して，一部の諸侯たちが1529年の帝国議会でプロテスト（protest，つまり抗議）したことがプロテスタントの名称の由来である。こうして各地でカトリックから袂を分かつ教会等が出現した。現在，プロテスタントという言葉は，カトリックから分離して，派生していった諸会派の総称となっている。

ルターの提言に端を発した宗教改革は，ドイツ国内ではルター派やルーテル教会等の発足につながっていく。ルーテル教会は善悪の行いよりも信仰のみによる救いを強調する会派である。

やがて宗教改革の波はドイツから16世紀のヨーロッパ全体に波及した。特にスイスではチューリッヒを拠点とするF・ツヴィングリ（1484–1531）やジュネーブのJ・カルヴァン（1509–1564）が活躍し，改革派が生まれることとなる。改革派は段階的な会議制を特徴とする教会組織を，批判的に捉える点が特徴的である。

またイギリス国王ヘンリー8世（1491–1547）によって設立されたイギリス国教会，スコットランドのジョン・ノックス（1510–1572）らによる長老派教会等の流れを生み出した。長老派は世俗的な存在である長老を重視する長老制を採用する。宗教改革の中で，とりわけ聖書のみを強調する急進的改革派であるアナバプテスト（＝再洗礼派）といった会派も生まれた。

16世紀後半以降は，聖餐論争などに象徴されるルター派と改革派の対立が顕著になってきた。聖餐論争とは，キリストの死と復活を記念する聖餐式におけるパンとぶどう酒の解釈に関する論争である。キリストの体と血がパンとぶどう酒と共にあるとする共在説，象徴にすぎないとする象徴説がその主要な説であった。カルヴァン等は両主張の調停を図った。

やがて各会派や諸教会は，自分たちの正しい教理を保ち，カトリックや他の教派との違いを明確にするために，各々の信仰告白や信仰問答書を確立していく。会派ごとに聖餐論争への見解がまとめられた結果，プロテスタント正統主義といった神学的発展がみられるようになる。

17世紀に入ると，再びプロテスタント正統主義の風潮から，本来の宗教改革の精神に立ち返ろうとする動きも出てくる。イギリスでは，イギリス国教会の改革を訴えたピューリタン主義，国家や地域に根づいた信仰ではなく，あくまでも個人の信仰を強調するドイツの敬虔主義等が教会内の改革運動として盛んになった。

イギリスでは市民革命が起こり，国王勢力からの弾圧を逃れたピューリタン（清教徒）たちは，アメリカに移住し独自の教会形成を行なった。イギリス国内でも国教会だけでなく，会衆派，バプテスト派，フレンド派（クエーカー）

図 2-8　マーサー・ルーサー・キング・ジュニアの石像　I have a dream の演説で知られる M.L. キング・ジュニアの記念碑はワシントン D.C. の中心部に存在している。

などの新たな会派が設立された。クエーカーは聖書や信条によらず，集会における個人の魂への神の働きを重視する会派である。兵役を拒否することで有名でもある。

さらに 18 世紀に入ると，アメリカのヴァージニア州を中心に聖公会が広がるなどプロテスタントの信仰がアメリカ国内に定着した。ウェスレー兄弟が主導する信仰復興運動が活発となり，メソジスト教会などの新たな教派が生まれた。植民地政策と結びついて，世界各国への宣教師の派遣が進み，世界各地に教会が誕生し，欧米中心の伝統的なプロテスタント教会に属さない新しい教会や教派も生まれることになった。

19 世紀に入ると，主に米国から日本にも諸会派の宣教師が到来した。宣教師の活動は，教会の設立等以外にも医療，福祉，教育分野等にわたっていた。日本においては，カトリック，プロテスタントともに多くの学校が設立され，現在キリスト教系の学校は宗教系学校の全体の約 3 分の 2 を占める。

アフリカは植民地政策の影響もあり，現在サハラ砂漠以南のほとんどの地域がキリスト教圏である。1960 年代からプロテスタント諸教派も大幅に信者数を増やしている。南アフリカでは聖公会大主教のデズモンド・ツツ（1931–

2021）がアパルトヘイト撤廃運動の精神的指導者として活躍した。

アメリカでは，1960年代に黒人牧師のM.L.キング・ジュニアが人種差別撤廃を目指す公民権運動を展開した。現在，プロテスタントの信仰が一般的となったアメリカでは，個人の平等と解放を目指すリベラル路線の福音派（＝**エヴァンジェリカル**）等が台頭している。福音派は，信仰の重視とともに聖書を字義通りに読もうとする保守的な信条を重視する原理主義（ファンダメンタル）的側面をもつ。したがって，進化論を公教育で学ぶことを拒否し，家庭学習を選ぶ家庭もある。

中国やロシアでは共産党政権による弾圧にもかかわらず，キリスト教が地道な発展を続け一定の信者数を誇る。また韓国では，朝鮮戦争後アメリカの強い影響下で福音派系の教会が教勢を伸ばした。現在，韓国のキリスト教信者数は人口の約3割を占めている。20世紀に入って韓国で生まれた統一教会（現統一家庭連合）は，キリスト教から派生した宗教で文鮮明によって創始されて原理運動を展開したことで知られる。開祖を再臨のキリストと捉え，合同結婚式を行うなどその名が日本でも知られる。

東方正教会等について

西方教会（カトリック，プロテスタント）と対比して東方の諸教会が存在する。東方教会といえば，主に東方正教会と東方諸教会とに大別される。東方正教会は，451年に宣言されたキリストの神性と人性をともに認めるカルケドン信条を支持する諸教会である。その点ではカトリックと同じであるが，カトリックと異なり，中央集権的な組織が形骸化している。コンスタンティノープル（現在のイスタンブール）の総主教を名目上の筆頭とし，各国の諸教会が現地の言語で典礼を行っている。

そのため，各地域の名称をとってロシア正教会，ブルガリア正教会，ギリシア正教会などと呼ばれる。信仰される地域は，主に古代ローマ時代のギリシア語公用語圏に相当する地域，北方のスラブ語圏でヨーロッパよりも東方に位置する地域である。

これに対し，東方諸教会はカルケドン公会議の内容を認めず，キリストの神性のみを信じる単性説を支持している諸教会のことである。非カルケドン派と呼ばれ，正統派からは異端視されている。エジプトのコプトやエチオピア教会，アルメニア教会が代表的である。

もともと330年にローマ皇帝コンスタンティヌスがコンスタンティノープルに遷都し，これ以降ローマ帝国内に5つの総主教座が成立した。5つの総主教座は，ローマ，コンスタンティノープル，アレクサンドリア，アンティオキア，エルサレムにあったが，7世紀になるとイスラームの支配下とならなかったローマとコンスタンティノープルを残すのみとなった。

同時に4世紀から8世紀にかけて三位一体論とキリスト論の確立等を巡って計7回の公会議が実施された。三位一体論とは，神はその本性において1つであるが，父なる神（ヤハウェ），子なるキリスト，聖霊が3つの位格でありかつ1つであるとする神学的見解を指す（キリストが神のことを父と呼んだとされることから，神とキリストの関係は父子関係に捉えられる）。公会議が繰り返される中で，三位一体論等を正統とした教義が確立していくが，やがて各宗派に分裂する契機にもなっていく。

東方正教会と西方教会の分裂を決定づけた一つとして，三位一体論をめぐる解釈の違いがあげられる。三位一体論を是としながらも，西方教会がコンスタンティノポリス信条に「子からも」という文言を挿入し，聖霊を父と子の両者から発出するものと強調したのに対し，当時のコンスタンティノポリス総主教が異議を唱えた。これがフィリオクェ論争の端緒である。教義解釈の相違とともに，教皇制や教会慣行の相違も起因し，東西ローマ帝国の分裂と相まって1054年に教皇と総主教の相互破門という形で東西教会は分裂した。この相互破門の状態は，1965年に教皇パウロ6世（1897-1978）とコンスタンティノープル総主教アシナゴラス1世（1886-1972）の両者がお互いの破門状態を解除するまで続くこととなる。

1453年にオスマン帝国によって首都コンスタンティノープルが陥落するまで，東方正教会はビザンティン帝国の国教として栄えた。東方正教会は，先の7回の公会議で正統とされた教義を受容し，新たに教義を発展させることをせず緻密な教父たちの神学的研究や解釈を重要視している。

こうした背景から，東方正教会はカトリックのような世俗社会の改革や政治に強い関心をもたず，修道士たちは神との個人的一致を志向し，瞑想的かつ観

図2-9　東方正教会の教会　教会や修道院の外観は荘厳なものも多いのが東方正教会の特徴である。写真はウクライナのキエフにある聖ミハイル黄金ドーム修道院

想的な敬虔な生活を重視する。聖地アトス山には20を超える修道院が存在し，修道者たちはイエスの御名の祈りを絶えず唱えて修練するという静寂主義（ヘシュカスム）を実践する。

東方正教会の修道制度はエジプトを起源とし，現在の修道制度の直接のルーツは，4世紀のギリシア教父大バシレイオス（カイサリアのバシレイオス）であると言われている。大バシレイオスは，東方正教会で用いられる聖地礼儀の奉神礼文を整備したことでも知られる。

第5節　キリスト教の聖典について

キリスト教では『旧約聖書』と『新約聖書』を聖書と認めている。「旧約」とは神と人間との古い契約，「新約」とは新しい契約という意味である。『新約聖書』にはイエス・キリストの言行録等が含まれている。もともと『旧約聖書』は，ユダヤ教徒における『ヘブライ語聖書』と同等のものといえるが，厳密には一致するものではない。これに対してイエス・キリストによってもたらされた新しい契約である『新約聖書』はもともとギリシア語（コイネー）で書かれたものを指す。

カトリックでは，イエスの時代に用いられていたギリシア語で書かれた『七十人訳聖書』（『ギリシア語聖書』とも呼ばれる）を基本とする。このギリシア語圏の信徒に向けて作成された聖書は，ヘブライ語で書かれた『ヘブライ語聖書』にはない文書が存在する。さらにギリシア語からのちにラテン語訳等がなされて長年用いられてきた歴史がある。

これに対して，ルターはラテン語訳聖書からではなく，『ヘブライ語聖書』を直接ドイツ語訳にした。したがって，ヘブライ語以外で書かれた文書はプロテスタントが用いる『旧約聖書』に含まれていない。そのため，カトリックとプロテスタントでは『旧約聖書』に含まれる文書の数が異なっている。

具体的に旧約というのは，神の意志に背くこと＝キリスト教における罪とし，『旧約聖書』「創世記」にあるとおり，最初の人間であるアダムとイブには神の命令に背いて禁断の実を食べた**原罪**があるとする内容を指す。それゆえ，アダムとイブの子孫である人類すべてに原罪が内在化していると考えるのである。

キリスト教ではこの古い契約を前提として，全人類に代わって神の子イエス・キリストが十字架にかけられるという罪の贖い（贖罪）によって，神の愛を信じる者はすべて罪から救われるという新しい契約が結ばれていると考える。

『新約聖書』は，数世紀をかけて編纂されて現在の形となった。『新約聖書』の中には27の文書が含まれており，主にイエスの言行録をまとめた「**福音書**」，初代教会の歴史をまとめた「**使徒言行録**」，ローマの信徒への手紙といったパウロの名で出された「**パウロ書簡**」やより広い範囲の信徒に提出された「**公同書簡**」，終末について論じられた「**ヨハネの黙示録**」で構成されている。

『新約聖書』を構成する書のうち，「**福音書**」は4つの福音書に分類される。「福音」とは良い知らせを意味し，イエス・キリストの言行録にあたる。4つの福音書は，それぞれの記者の名前をとって，マタイ，マルコ，ルカ，ヨハネの福音書と呼ばれる。

各福音書は成立年代や依拠している資料の違いから，内容が異なる箇所も散見される。後代に加筆修正されたとの指摘もある。一般的にマルコを原型とし，ルカとマタイが成立したとされたため，マルコ，マタイ，ルカの3つの福音書を共観福音書とする。そして教会制度成立後にイエスの神性を強調したヨハネの福音書が編纂されたとみられる。内容に差異はあれども，福音書にはイエスの誕生から病気治療の奇跡といったイエスの伝道の様子，そしてイエスの受難（十字架からの復活）が記されている。

例えば，マタイによる福音書には，イエスが悪魔を退けた荒野の誘惑や，最初の説教を行った山上の垂訓などの逸話が含まれている。

荒野の誘惑とは，イエスが洗礼後に40日間荒野に赴いたときの逸話である。空腹を覚えたイエスに対し，悪魔が石をパンに変えて誘惑した。これに対し，イエスは「人はパンだけで生きるものではない。神の口から一つ一つの言葉で生きる」と答えた。その後も悪魔はイエスを誘惑し続けるが，最終的にイエスは悪魔を退け，天使たちがイエスを称賛したとされる。

山上の垂訓とは，オリーブ山で行った最初の説教とされる逸話である。さまざまな解釈が存在するが，「心の貧しい人々は幸いである。天の国はその人たちのものである」から始まるイエスの言葉が示されている。当時の律法主義者たちへの批判や貧しくも信仰ある人々こそ幸いであると述べたと一般的に解釈されている。また，山上の垂訓では「求めよ，さらば与えられん」「人を裁いてはならない」「人にしてもらいたいと思うことは何でもあなたがたもしなさい」といった黄金律や「誰かがあなたの右の頬を打つならば，左の頬をも向けなさい」「敵を愛し，自分を迫害する者のために祈りなさい」といった隣人愛などを説くといったキリスト教の根本的な教義が示されている。

「**使徒言行録**」は，2世紀頃に成立したとされ，エルサレムの教会を中心としてキリスト教の教義等が異教徒へと広がる過程が記されている。エルサレムからサマリアへとキリスト教が広がり，ローマまで伝播したとされる（ただし，書簡等を合わせ読むと，キリスト教の伝播は多方面から行われており，早い段階でローマ教会など各地の中心教会が成立していることが知られる）。使徒言行録という名前のごとく，キリストの弟子にあたる12使徒の中で，特に第1使徒であるペテロと異教徒の宣教に精力的に取り組んだパウロの言行録でもある。ローマへの布教やパウロの宣教旅行の様子等が記されている。

「**パウロ書簡**」は，パウロの名で出された文書のことである。すべて書簡の形式をとり，ローマの信徒への手紙をはじめ，13の書簡で構成されている。書簡の順番は教会宛，個人宛の順番になっている。13の書簡のうち，規模が大きく内容が充実している「ローマの信徒への手紙」「コリントの信徒への手紙一」「コリントの信徒への手紙二」「ガラテヤの信徒への手紙」は四大書簡と呼ばれる。「エフェソの信徒への手紙」「フィリピの信徒への手紙」「コロサイの信徒への手紙」「フィレモンへの手紙」の４つの書簡はパウロが投獄されて獄中にいた時に書かれたものとされ，獄中書簡とも呼ばれる。「テモテへの手紙一」「テモテへの手紙二」「テトスへの手紙」は教会のあり方について論じられた書簡のため，牧会書簡と呼ばれる。

『新約聖書』の最後に位置する「**ヨハネの黙示録**」は終末に関する記述である。小アジアにあった７つの諸教会（エフェソス，スミルナ，ペルガモン，ティアティラ，サルディス，フィラデルフィア，ラオディキア）に向けてイエス・キリストの再臨や最後の審判，新天地の到来等が書かれている。

第６節　キリスト教の宗教儀礼について

キリスト教の宗教儀礼の代表的なものとしては，礼拝が挙げられる。礼拝は，神に対する奉仕行為であり，大小さまざまな礼拝が存在する。宗派によって名称も異なり，カトリックでは教会で行う礼拝を典礼と呼ぶ。正教会では奉神礼と呼ぶが，奉神礼には個人的な祈禱も含まれる。プロテスタントでは，公同礼拝，家庭礼拝，個人礼拝など礼拝の種類が分けられている。

信徒が共同で行う礼拝としては安息日にあたる日曜の集団礼拝が一般的である。一般信徒は教会に集い，礼拝中は神に祈りを捧げ，賛美歌等を歌う。司祭による説教を聞き，献金などを行う。信者同士の交流の場としても重要な場である。

典礼の規定も教派によって異なるが，典礼を行う執行者を司式者と呼び，カトリックの場合は司祭が執り行う。一般的に神父と呼ばれている。カトリックの教会は宗教画や**十字架**にかけられたイエスやマリアの像，ステンドグラスなどの教会装飾に囲まれた空間となっている。

これに対し，プロテスタント諸派の礼拝堂（会堂）は，一般的にキリスト像のない十字架が掲げられている。偶像崇拝にあたらないよう，イエスを象徴する十字架以外のものを教会内に置くことは奨励されていない。説教台も聖書を置かれるだけのシンプルなものとなっている。カトリックとは異なり，自らの

図2–10　カトリック教会内部　カトリックの教会内部は十字架にかけられたイエスやマリア像なども見受けられる。

信仰告白を重視するプロテスタントでは，幼児洗礼は一般的ではない（ただし聖公会など一部の会派を除く）。

プロテスタントの聖職者は牧師と呼ばれる。カトリックの神父が男性のみで独身主義を貫くのに対し，牧師は妻帯を認められている。多くの会派では男女を問わず牧師になれる上，夫婦がともに牧師になることも可能である。

東方正教会の典礼等は，カトリックに近い立場であるが，聖母マリアや聖人の立体像は禁止されているため，教会内部に彫像は存在しない。代わりに**イコン**と呼ばれる聖布画が置かれている。イコンは宗教画ではなく，信仰の具現化や布教や教育の手段でもない。信徒たちは，イコンを見る者を現実の世界から神の世界へと媒介する崇敬対象としてイコンを認知している。イコンは反遠近法など独自の規則に基づいて描かれている。

奉神礼と呼ばれる東方正教会式の典礼は，香りや歌，蠟燭の光など感覚的演出が効果的に用いられた壮麗なものである。教会が神の国に進んでいることを示し，教会の周りを列になって歌いながら行進したり，神の国へと導くために描かれたイコンに接吻するなどの身体的動作が多い。礼拝において楽器は用いられず，声のみで聖歌が捧げられている。

このように，人間が神的な存在へと変容することを志向する点が東方正教会

図2-11　プロテスタント教会内部　プロテスタントでは，十字架のみが信仰対象として許されている。したがって教会内部も，簡素で十字架のみがかけられている。

の大きな特徴である。これを神化と呼び，神の似像（にすがた）として創造された人間が神の働きに参与することにより，本性的ではないが神の恵みによって神にも等しくなることを指す。修道者のみならず，一般信徒が日々の生活や典礼の中で実現しうることでもあるとする。

ロシア正教会などの十字架は一般的に横棒が傾いている。端に8つあることから八端十字架という呼び方がある。斜めになった1本はイエス・キリストとともに両隣の十字架にかけられた2人の盗賊の運命を表しているとされる。悔い改めた右側の盗賊は天国に行くことが約束されたと伝えられている。

またロシア正教会では，ユリウス暦を用いるため，グレゴリオ暦を用いるカトリックやプロテスタントとクリスマスの時期等が異なる。

また，イエスの奇跡を目に見える形で顕在化する特別な儀礼のことをカトリックでは秘跡（秘蹟とも書く）と呼ぶ。秘跡のことをプロテスタントでは礼典，正教会では機密などと呼ぶこともある。

カトリックでは伝統的に7つの秘跡が認められている。7つの秘跡とは，洗礼，堅信，聖餐（ミサ），ゆるし，叙階，婚姻，病者の塗油である。**洗礼**とは，

図2–12　イコン（幼子イエスを抱く聖母マリア） イコンは偶像崇拝には該当せず同じ構図のイコンが多数存在する。正教会の教会内には複数のイコンがみられる。

キリスト教の入信儀礼で，バプテスマとも呼ばれる。イエスがヨハネによって洗礼されたという事跡に基づき，入信に際して頭に水をふりかける（宗派によっては水につかる）浸水儀礼となっている（ただし，イエスが洗礼を行ったという記述は存在していない）。カトリックでは生まれてまもなく幼児洗礼を行う。プロテスタント等では，信徒が成人してキリスト教徒としての自覚を持ってから洗礼を受けるケースが多い。

堅信とは，信者が洗礼を受けた後に聖霊の力ないしは聖霊の恵みを受ける典礼のことを指す。司祭による堅信式によって，洗礼の際につけられた洗礼名同様に堅信名を名付けられ，信仰の確認が行われる。

聖餐（ミサ）は，イエスの最後の晩餐の事跡に由来する儀式である。最後の晩餐の際に，イエスがパンとワインを前にして自身の肉と血と思うようにと言って弟子と共に食事したことを記念するものである。キリスト教では日曜ごとにこの事跡を記念してパンとワインを食す。これにより，聖餐の聖別された特殊なパンは，イエスの体（聖体）であるとされる。聖体には，イエスの血としてぶどう酒を飲むことを含むケースもある。

図2-13　典礼に用いる聖杯　カトリック教会では，パンの代わりにイースト菌を含まないホスチアを用いることもある。ぶどう酒は未成年などにも配慮してぶどうジュースなどのケースも多い。

ゆるしとは，洗礼以後に犯した罪のゆるしを与える儀礼のことである。告解，悔悛の秘跡などとも呼ばれる。ゆるしの秘跡を受けるためには，悔い改めと回心が必要とされる。その上で罪の告白と償いが必要となる。

叙階とは，聖職者を任命する儀式を指す。カトリックには位階制度が存在し，司教，司祭，助祭といった聖職者の任命から，それら上位聖職者をサポートする侍祭（アコライト）や祓魔師（エクソシスト）の任命も含む。

婚姻とは，一組の男女が互いに，生涯にわたる愛と誠実を約束し，相互に助け合いながら子どもを産み育てることを目的として，家庭を築き，発展させるための恵みを与えるものである。カトリック教徒同士の結婚はミサで行われ，男女が教会の前で結婚の合意を交わすことによって，二人が互いに秘跡を授け合う形になる。それゆえ，カトリック教徒同士ではない結婚は秘跡に含まれない。結婚は神聖なものと捉えられるため，原則的に離婚は許されていない。同時に近親相姦や自由婚，婚前や結婚外の性交渉は結婚の尊厳を傷つけるものとして戒められている。

病者の塗油とは，死に際して行われる儀礼である。病気や臨終にある者に対

図2–14　ペンテコステの様子を表したステンドグラス　ペンテコステは，キリスト昇天後に使徒たちの前に聖霊が降臨したことを記念する祭りである。

して，聖なる油を塗り，病者のために祈る。司祭によって行われ，額および両手への塗油は，典礼書に規定されている通りに行わなければならない。額または身体の他の部分の一か所に塗油するだけで十分とされる。教区の司教の規定に従い，同時に複数の病者に対しこの秘蹟を行うことも可能である。重大な罪の状態にあり，罪を改めないでいる者には病者の塗油を行ってはならないとされるが，死を前にした信徒に対して行われる重要な秘跡とされる。

キリスト教の年中行事は複数あるが，三大祝祭日は**イースター，ペンテコステ，クリスマス**である。イースター（復活祭）は，春分の日の後の最初の満月の次日曜日と定められているため，年によって変わる移動祝日である。十字架の磔刑を受けて天に召されたイエス・キリストが亡くなった当日を第一日目とし，三日目の日曜日に復活したことを祝う日である。

ペンテコステ（聖霊降臨祭）は，イースターから数えて50日目にキリストの弟子たちに聖霊が降臨したことをお祝いする日である。12月25日のクリスマス（降誕祭）は，イエス・キリストの降誕を記念する祭日である。12月1日からアドベントと呼ばれるクリスマスシーズンが始まり，イエス・キリストの降誕を待ち望む期間を過ごす。

キリスト教では，一般信徒に対し衣食住に関する禁止事項等は厳密に定められているわけではない。ただし，カトリックでは飲酒，喫煙なども可能であるのに対し，プロテスタントでは禁酒，禁煙を守る会派が多い。一部の会派では食を含めた様々な禁止事項を規定している。キリスト教から派生したモルモン教では，アルコール類，コーヒー，紅茶，お茶，タバコの摂取が禁じられている。セブンスデー・アドベンチスト教会では，信者に菜食を勧めている。

第3章　イスラム教の基礎知識

第1節　イスラム教の概要について

イスラム教（イスラーム）は唯一神**アッラー**を崇拝する一神教である（ただし，アッラーとは固有名詞ではなくアラビア語で「唯一神」を表す言葉である。したがって，例えばキリスト教を信仰するアラブ人もまた神のことをアッラーと呼ぶ)。イスラム教では，多神教や偶像崇拝を厳格に否定する。したがって，神などの神聖な対象を描くことを偶像崇拝とみなして禁止している。厳格な偶像崇拝禁止の規律が，幾何学模様のアラベスクやアラビアのカリグラフィーなどの発達につながっている。

イスラム教はユダヤ教やキリスト教に比べて歴史が浅い宗教であるが，現在キリスト教に次ぐ宗教人口世界第2位の宗教である。同じ唯一神から啓示を与えられた宗教として，ユダヤ教やキリスト教等の一神教信徒のことを啓典の民と呼び，イスラム教徒に近しい存在としてみる。

イスラム教の開祖は**ムハンマド**である。預言者であるムハンマドの姿も描くことは禁止されている。イスラム教徒はムハンマドを通じて啓示されたアッラーの教えを守る者たちである。神の唯一性（タウヒード）を尊び，その教えがまとめられた聖典『**コーラン**（クルアーン）』を重要視する。

イスラム教における聖地は，ムハンマドの生誕地であるメッカや，その後移住したメディナ，ムハンマドが昇天したとされるエルサレム等である。ムハンマドがメッカからメディナへ移住したことを**聖遷**（ヒジュラ）というが，その年を元年としたイスラム暦（ヒジュラ暦）を基準として宗教儀礼を行う。イスラム暦は太陽太陰暦であるため，断食の時期などは年ごとに異なる。

図3-1　信仰告白を示すアラビア文字　偶像で神を表現しない代わりに流麗なアラビア書道が発達した。イスタンブールにあるアヤ・ソフィア内部。アヤ・ソフィアはキリスト教の大聖堂からモスクへと転用された代表的な建築物の一つである。

そもそも，「イスラム」というアラビア語は，（神への）帰依・服従を意味している。イスラム教徒の男性を意味する「ムスリム」という語は（神への）帰依者という意味である。神にすべてを委ねるといった意味合いがある。イスラム教徒のことはムスリマという。

イスラム教の聖職者にあたる存在は，**イスラム法**（**シャリーア**）を解釈する**ウラマー**（学者を意味するアーリムという言葉の複数形）や礼拝の指導者の**イマーム**である。彼らは世俗的な存在であるため，妻帯し家庭をもつのが一般的である。ウラマーは，イスラム法学（＝フィクフ）等，イスラムに関する諸学問の専門家であり，法学者であるウラマー同士に序列関係などは存在しない。従来男性が務めるものとされてきたが，現在は女性が法学者になることを認める学派もある。

信徒たちは**モスク**に集い，金曜の集団礼拝などを行う。キリスト教と同様，最後の審判の後に，敬虔なイスラム教徒であれば天国に，悪行をなすような存在は地獄に落ちると考えられている。

信仰される地域としては，アラビア半島を中心とした中東地域に伝統的なイスラム教の国が多く存在する。アラビア語でマシュリク（東方）と呼ばれる地

図 3–2　インドネシアのマスジド　東南アジアを中心にカラフルなモスクが数多く存在する。一般的に集会所のことをモスクというが，アラビア語ではマスジド，中心的な大規模モスクのことは，ジャーミィとも呼ばれる。

域で，地中海岸のエジプト，ヨルダン，パレスチナ，レバノン，シリア，アラビア半島のサウジアラビア，クウェート，アラブ首長国連邦，バーレーン，カタール，オマーン，イエメン，西アジアのイラン，イラク，アフガニスタン等が含まれる。

北アフリカのリビア，チュニジア，アルジェリア，モロッコ，モーリタニアといったサハラ砂漠以北の国々もイスラム教徒が多数派である。ただし，政治面では，イランのように政教一致を原則とする国もあれば，トルコのように政教分離を前提とする国もある。

東南アジアではマレーシアやインドネシア，ブルネイなどの島嶼部で主に信仰されている。アジアのムスリム人口の上位 4 カ国は，インドネシア，インド，バングラデシュ，パキスタンと南・東南アジアの国々となっている。マレーシアではマレー人を中心にイスラム教が信仰されており，ブルネイでは国教となっている。マレーシアやブルネイはムスリム人口比が総人口の 50% 以上となっている。インドネシアは現在，人口の 8 割ほどがイスラム教徒で，世界でもっともイスラム教徒が暮らす国となっている。イスラム教を含む6つの宗教が国公認の宗教となっている。この他，タイの北部やフィリピン南部のミンダナオ島にも多くのイスラム教徒が暮らしている。

東アジアでは中国国内のイスラム教徒が多い。寧夏ホイ族自治区や新疆ウイグル自治区などは自治区人口中の過半数がイスラム教徒である。

東南アジア一帯にイスラム教が定着するのは，およそ14–15世紀にかけてである。中東，インドと中国を結ぶ中継地点として，アラブ民族のムスリム商人たち，特にイエメンのハドラミーと呼ばれる人々が交易品とともにイスラム教をかの地にもたらしたとされる。各王国の国王の改宗を経て，広く人々に普及したが，一部の地域ではイスラム教以前から存在する精霊信仰等と融合し，独自の慣習などが含まれている。例えば，タイ南部の農村部では，伝統的な精霊崇拝に対し，精霊を『コーラン』に登場する超自然的存在であるジンの一種として解釈する。また，インドネシアやマレーシアでは，本来イスラム教で禁止されているアルコール成分を含むタバイと呼ばれる食品が，結婚式などの伝統的儀礼でふるまわれることがある。

また，近年は非イスラム圏の中心であった欧米のムスリム人口も増加し続けている。イスラーム諸国が欧米の植民地であった背景から，経済的理由によって移住する移民が増加している。オランダでは総人口のおよそ6%に達しており，かつての植民地であるインドネシアやスリナムからだけでなく，トルコやモロッコからの移民も多い。フランスもオランダと同水準でムスリムの人口比率が高まっており，その大半はアルジェリアやモロッコからの移民である。現代は移民世代の定住化や次世代の誕生に伴い，社会的な対立が深まっている。

北米においては，南アジアや中東からの移民によってムスリムが増加するとともに，かつてアフリカ系アメリカ人が自己のルーツを求めて改宗するというブラック・ナショナリズム運動が展開した。1930年にデトロイトでネーション・オブ・イスラームが組織されると，イライジャ・ムハンマド（1897–1975）やマルコムX（1925–1965）などの活動によって拡大し，現在ではアメリカ最大のイスラム組織となっている。1960年代のニューエイジ運動などの中で，神秘主義の一種であるスーフィズムを通じてイスラム教に改宗する白人改宗者なども登場するようになる。2010年段階で，統計上では世界のムスリム人口の3%ほどが欧米に居住している。

第2節　イスラム教の宗派について

神への絶対帰依を基本とするイスラム教であるが，その形成過程において，主に**スンナ（スンニ）派**と**シーア派**に分かれた歴史がある。このうち多数派を占めるのがスンナ派である。「スンナ」とは慣習を意味する言葉で，預言者ムハンマドの慣習とイスラム共同体（＝ウンマ）の意思に従う人々という意味を指す。スンナ派はイスラム教徒のおよそ7割を占めている。

スンナ派

スンナ派は，伝統的に共同生活における信徒たちの団結と相互の合意を重視する。預言者ムハンマドの死後，後継者として宗教指導者のカリフが選出された。カリフとはアッラーの使徒（＝ムハンマド）の代理人という意味である。当初カリフは，アブー・バクル，ウマル，ウスマーン，アリーとムハンマドに近しい人物が選出されていたが，ムハンマドの従兄弟かつ娘婿であるアリーまで続いた正統カリフの時代から，血筋に関わりなくカリフが選ばれるようになったことから分派が起こった。アリーに先立つカリフともども，血筋に関係なく正統な指導者としてカリフを認めるのがスンナ派である。

スンナ派では，血筋に関係なく指導者として適した人物を選び，ムハンマドの言行録（『**ハディース**』）を通じてスンナ（イスラームの慣習）を解釈，宗教実践することを重視する。ムハンマドを良きイスラム教徒とし，共同体運営の中で整備されてきたイスラム法（シャリーア）を遵守することを理想とする。イスラームにおける法律として，イスラム法は刑法や民法とともに国際法的性格も持ち合わせている。

イスラム法とは，共同体運営の中で成立した宗教上の戒律およびその解釈である。聖典『コーラン』やムハンマドの言行録である『ハディース』を前提とし，法学者同士の同意（イジュマー）や論理的解釈にあたる類推（キヤース）を指す。

スンナ派では，法学者（ウラマー）によってこれら4つの法源から合意（ファトワー）が出される。ファトワーは，一般信徒たちが実生活を送る上での判断材料となる重要なものである。ファトワーを出した法学者をムフティーと呼び，どの法学者の見解を採用するかによって，スンナ派はさらにいくつかの学派に分かれる。

現在，スンナ派の中には主に，ハナフィー学派，シャーフィイー学派，マーリク学派，ハンバル学派の四大学派が存在する。信者は基本的にいずれかの法学派の見解や解釈を支持して日常生活を送っている。

ハナフィー学派が最大規模の学派であり，地中海地域や北アフリカを中心として，中央アジアから中国に至る広範な地域で支持されている。学派の中でもっとも寛容で近代的な学派とされ，ムスリムのおよそ30％が本学派に属するといわれている。

近年，スンナ派の一派である**ワッハーブ派**などの影響力が強まっている（ワッハーブ派をスンナ派，シーア派に次ぐ第三勢力とする説もある）。ワッハーブ派は，18世紀にアラビア半島内陸部のナジュドで起きたイスラム改革運動によって形成された宗派である。サウジアラビアのアラビア半島統一とオスマン帝国との対立に寄与し，現在サウジアラビアの国教となっている。イスラム法学派の中ではもっとも厳格といわれるハンバル学派に属し，教義解釈なども保守的な宗派として知られる。

ワッハーブ派は，ムハンマド・イブン・アブワッハーブ（1703–1792）を創始者とし，一般的にイスラム原理主義と呼ばれる復古主義，純化主義的イスラム改革運動の延長線上に生まれた宗派に位置づけられている。タウヒード（神の唯一性）を強調し，勧善懲悪の実践やシャリーアの厳格な実行を掲げている。

シーア派

多数派のスンナ派に対し，ムハンマドの娘婿であるアリーとその血統を受け継ぐ子孫のみが**イマーム**として後継者の権利を持つと主張したのがシーア・アリー（アリーの党派，つまりアリーに付き従った人々のこと）である。こうして生まれたシーア派は現在イスラム教徒の約2割を占める。

シーア派の指導者イマームは，預言者の代理として共同体を指導する立場にある。それゆえ，スンナ派で重要視する類推（キヤース）や合意（ファトワー）

よりも，最高指導者であるイマームの裁定をより重要視する傾向にある。西アジアから中央アジア地域に信徒が多く，特にイランでは国民のほぼ全員がシーア派とされる。これは，世界中のシーア派の4割ほどを占める。隣国イラクでも，100%に近い人口のイスラム教徒のうち，3分の2ほどがシーア派に属している。

初代イマームのアリーの後，第三代イマームとなったアリーの息子であるフサイン・イブン・アリー（626–680）は，シーア派の中でもよく知られる人物である。イラクのカルバラーはフサインが殉教した地であり，シーア派ではメッカ，メディナ，エルサレム同様重要な聖地とされる。カルバラーには，歴代イマームの霊廟が存在している。

シーア派は，アリーの子孫のうち誰を正統なイマームとして指名するかについて議論や争いが繰り返され，その過程で分派してきた。現在まで一定の勢力を誇るのは，十二イマーム派やイスマーイール派，ザイド派などである。

このうち比較的多数派なのが十二イマーム派である。十二イマーム派は，名前の通り初代アリーから始まって，第12代イマーム，ムハンマド・ムンタザル（868または870–???）までの12人を正統なイマームとして認める学派である。874年に12代目イマームが姿を消してガイバ（幽隠）の状態になったため，そのままイマームは隠れたままになっている。十二イマーム派では，最後の審判の日に再びイマームが再臨すると考えられている。十二イマーム派はイランの国教であり，イマームの権威を重要視するため，イマームに結びつかない伝承を正統としない。

またシーア派でもスンナ派同様複数の法学派に分かれる。基本的にシーア派においても，『コーラン』や『ハディース』とともに，法学者同士の同意であるイジュマーや論理的解釈にあたるキヤースを法源とするが，基本的にイマームの見解にあたるイジュマーを重要視する。また，イジュマーそれ自体を直接的に法源とみるのではなく，あくまでもこれまで預言者や正統イマームが残した言行にあたる伝承（ナクル）を重要視する。こうして人間の理性（アクル）を否定的にみるのも十二イマーム派などにみられる特徴である。

第3節 イスラム教の開祖について

イスラム教の開祖は預言者ムハンマド（570頃-632）である。ムハンマドは6世紀後半に**メッカ**のハーシム家に生誕し，幼少時に両親と死別した後は叔父アブー・ターリブの下で育てられた。叔父の手伝いとして商業に従事するようになり，595年頃に最初の妻となるハディージャと結婚したとされる。

610年にメッカ郊外にあるヒラー山の洞窟で瞑想している最中，大天使ジブリールが現れ，初めて神アッラーからの啓示を受けたとされる。預言者となることを躊躇したムハンマドであったが，妻であるハディーシャが最初の信者となったと言われている。当時のアラブ社会は，**カーバ神殿**の中に多くの神像を安置するなど，多神教の世界観と偶像崇拝が一般的な世界であった。また，国家のような統一的組織は存在せず，人々は血縁関係，つまり部族ごとに集団を築いており，部族同士の抗争も絶えない状態であったことが知られる。

神の啓示を受けた後，ムハンマドは，抗争の続く社会の安寧のため，姿かたちを持たない唯一神を信じることで，部族を超えた一つのイスラーム共同体を築くことを訴えた。神の下での人間の平等を原理原則とし，偶像崇拝を厳格に禁止する理由はここにある。こうして部族間の調停役のような役割を担い，ムハンマドは妻や叔父の理解を得て賛同者を獲得していったとされる。

しかし旧来の慣習を否定するムハンマドに対して，抵抗する勢力も少なくはなかった。最大の理解者であった妻や叔父の死後，メッカを追われたムハンマドは622年，メッカから北に約400km離れたメディナに移住した。このメディナへの移住を**聖遷**（ヒジュラ）と呼ぶ。

ムハンマドはメディナで神が遣わした使徒（ラスール）として扱われ，次第に部族間の調停者，共同体の指導者としての地位を得ていった。メディナで勢力を築いたムハンマドは，630年頃にメッカの勢力との争いに勝利してカーバ神殿の偶像を破壊した。

カーバ神殿は偶像の破壊後に解放されたが，ムハンマドが敬意を表した黒い石は残された。普段黒い布（キスワ）に覆われたその石は，神聖なものとして大切に保存されている。こうしてメッカはイスラム教の聖地として信仰の中心

図 3-3　カーバ神殿内部

となり，メディナを行政の中心とする部族を超えたイスラーム共同体が形成された。

現在のサウジアラビアにあるメッカは，イスラム教徒の一大聖地である。イスラム教の初期において，礼拝はエルサレムに向かってなされていたが，ムハンマドの存命中にエルサレムからメッカに礼拝の方向（キブラ）が変更された。現在，カーバ神殿を含め，メッカに入ることができるのは基本的にイスラム教徒のみである。

632 年，別離の巡礼と呼ばれる最後のメッカ訪問を行なった後，ムハンマドはメディナの自宅でハディーシャの後に結婚した妻アイーシャに看取られながら逝去したとされる。

ムハンマドは神に選ばれた人間であり，預言者としてイスラム教徒の尊敬を集める存在である。あくまでも信仰の対象は神アッラーのみであるが，イスラム教徒にとって理想的な人物であり，ムハンマドの言行が人々の模範となっている。イスラム教ではモーセやイエスも預言者の一人と認めており，ムハンマドも預言者の一人であるが，預言者の中でも最大にして最後の預言者として「預言者の封印」と呼ばれる。

第4節　イスラム教の形成過程について

正統カリフの時代を経て，7世紀後半から9世紀にかけてアラビア半島を中心にアラブ系のウマイヤ朝やアッバース朝が広域を支配した。巨大な王朝の支配によって，非アラブ地域にもイスラム教の教義や考え方が浸透した。当時の中東地域は，ビザンティン帝国とペルシアの対立が収束した頃で，部族や民族を超えて共同体を形成するのが比較的容易であったことが知られる。同時に地中海地域のキリスト教圏は大きく後退することとなる。

基本的にイスラム王朝は，啓典の民であるユダヤ教徒やキリスト教徒には税の納入を条件として信仰の自由を保障した。このため，8世紀の頃にはキリスト教徒たちによってギリシア語文献がアラビア語に翻訳された。アラブ社会では，西洋の哲学や医学，自然科学が積極的に受容された。

9世紀以降もイスラーム共同体は拡大を続け，東は中央アジアやインダス川以西，西は北アフリカやトルコ以東を勢力範囲にするまでに至った。遠征によって支配下となった地域の住民はズィンミーと呼ばれ，やがてイスラム教への改宗者が相次ぐこととなる。

その後，ファーティマ朝・アイユーブ朝・マムルーク朝（エジプト），ムラービト朝・ムワッヒド朝（北アフリカ地域），サーマーン朝・ブワイフ朝（イラン周辺），トルコ系のセルジューク朝や西アジアのティムール朝などが栄えたことで，イスラームの地域化が進んだ。インドのイスラーム化は，ガズナ朝のマフムード（971-1030）の時代にインダス川以東にイスラム教が浸透して以降，ゴール朝，ハルジー朝，トゥグルク朝を経てインド中南部のマドゥライあたりまで広がった。

11世紀末に西欧諸国が十字軍による遠征，植民活動を本格化させたのをきっかけとしてイスラム教圏とキリスト教圏の対立は深まったが，十字軍によってイスラム教圏からキリスト教圏に新たな科学や文化がもたらされ，14世紀以降のルネサンスの興隆につながったとされる。

さらに，近代まで中東地域を包括するように支配したオスマン朝とサファヴィー朝，南アジアのムガル朝が鼎立し，巨大なイスラム教圏が形成される。特

図3-4　アラベスク文様　モスクを彩る幾何学的なアラベスク文様には植物や唐草模様が多用される。アッラーのアナグラムであるチューリップ柄も少なくない。

に1453年にオスマン帝国第7代スルタンのメフメト2世（1432–1481）は，ビザンティン帝国の首都コンスタンティノープルを征服し，滅亡させた。

コンスタンティノープル陥落後も，領土をめぐってイスラム教圏とキリスト教圏の対立は続いたが，第10代スルタンのスレイマン1世（1494–1566）の最盛期を迎えるまでイスラム教圏は北アフリカやバルカン半島，中央アジアにまで拡大し続けた。他方イベリア半島ではカスティーリャ王国やアラゴン王国の台頭により，ローマ・カトリック諸国がレコンキスタ（国土回復運動）を推し進め，1492年にはナスル朝下のグラナダを陥落し，イスラーム勢力は西欧諸国から後退することとなる。

やがて17世紀を境に，西洋列強諸国によって植民地化されたイスラム教圏の王朝は解体した。従って，その後の世紀は国家としての独立とムスリムとしてのアイデンティティの回復が求められることとなる。ただしヨーロッパ諸国とイスラーム諸国の関係は，宗主国と植民地の関係性と重なり，後にイスラーム諸国が独立を果たした後も経済的な側面などで強固な関係性が続いた。

19世紀末にはムハンマド・アブドゥフ（1849–1905）らによるエジプトのアズハル学院の改革によって旧態依然とした体制への批判が始まっていく。サラフィー主義（サラフィーヤ）と呼ばれる思想によって，イスラーム共同体のあり方自体が見直されることとなった。サラフィー主義とは，ある種の原点回帰であり，初期のイスラーム共同体で体現していた純粋な伝統に立ち返るとともに，その伝統自体をも厳しく見直すものであった。

サラフィー主義を標榜したムスリムは，模範的なイスラム教徒であるムハンマドの生き方への同化を目指した。具体的には『コーラン』を字義通りに解釈し，『ハディース』に記録されたムハンマドの言動を基準に生活を送った。彼らの活動の多くは一時的な運動に終始したが，サラフィー主義から派生したのがサウジアラビアのワッハーブ派ともいわれる。

20世紀になると1960年代に中東戦争やアル＝アクサー・モスク襲撃事件などが起きてムスリム社会に衝撃を与えた。特に，聖地の一つであるエルサレムにあるモスクにキリスト教徒が放火して歴史的遺産が消失した襲撃事件が起きた後，イスラーム諸国の首脳会談が開催され，イスラーム協力機構（OIC）が組織されることになった。2000年代以降は，9・11事件などが起こり，イスラム恐怖症（イスラモフォビア）が世界各地に広がる一方，世界各地にムスリムが暮らし，その人口増加率は年々高くなっている。現在日本の総人口の0.2%がイスラム教徒であるが，その人口増加率も著しいという現実がある。

第5節　イスラム教の聖典について

イスラム教の聖典は『コーラン』である。キターブ（啓典）と呼ばれることもあるが，キターブには神が啓示した言葉を集めたものという意味があるので，キターブというとユダヤ教やキリスト教の聖典をも含む。イスラム教ではムハンマド以前に登場したアブラハムやモーセも預言者とみなし，その教えも神の啓示として認める。ただし，それらのうちでもっとも完全な教えを『コーラン』と考える。

『コーラン』にはすべての章に「牡牛章」「食卓章」「蜜蜂章」などの名前がついている。『コーラン』は預言者ムハンマドによって口伝にて伝えられた神の啓示である。聖なる神の言葉として『コーラン』の文言は，一字一句変更が許されていない。それゆえ，『コーラン』とはアラビア語で書かれたものだけ

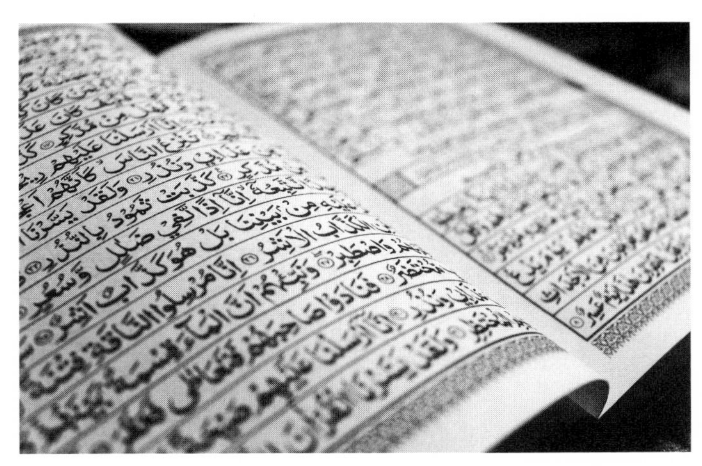

図 3-5　コーランの一説　実際の『コーラン』。現代ではアラビア半島以外でも信者数が増加しており，翻訳付きのものも数多く流布している。

を指し，アラビア語以外で書かれたものは翻訳書あるいは注釈書として扱われる。床や低い場所に置かない，汚れた手で触れないなどの決まりもある。

『コーラン』は断続的にムハンマドに下りてきた啓示をまとめたものであり，死の直前までもたらされたものである。ムハンマドの死後，啓示の内容を正しく残すため『コーラン』は編纂された。現在の全 114 章からなるものができたのは第３代カリフ，ウスマーンの頃とされている。

『コーラン』の意味は，「読誦すべきもの」であるから，黙読ではなく，声を出して読みあげるべきものとされる。もともとムハンマド自身が非識字者であり，『コーラン』の内容は口頭伝承で伝えられたものである。

『コーラン』の第１章は開扉章（アル＝ファーティハ）と呼ばれ，７節の短い章で構成されている。第１章の後，『コーラン』前半では礼拝の義務など信仰に関わる教義について述べられている。後半には結婚や遺産相続，子どものしつけに関することなど社会生活の規則についての記載がある。

ムハンマド存命中にアラビア半島でまかり通っていた嬰児殺しの禁止や女性の相続権を認める記述もある。女性の相続権は男性のものに比べると不利な内容ではあるが，その分男性は女性を保護し扶養する義務が課されている。当時他部族や異民族との抗争が絶えなかったアラビア半島の社会的背景を踏まえた内容となっている。例えば，扶養義務を前提とした一夫多妻制等が容認されている。実際，ムハンマド自身も複数の妻を持ったことが知られる。最後半には，イスラームの法律にあたるシャリーアの権威や内乱の禁止など，イスラーム共同体に関わる事項が記されている。

『コーラン』は神からの啓示であるため，人間ムハンマドの言行録である『ハディース』とは一線を画す。『ハディース』はあくまでも信仰の指針となるが，啓典には数えられない。ただし，『ハディース』の中には**六信五行**の信仰箇条を中心に，葬儀における儀礼作法や食事や服装の規定，人間関係にわたるまで，日常生活においてイスラム教徒がどのような根拠に基づきどうふるまうべきかが記されている。

ムハンマドの死後，『ハディース』の編纂は行われた。ムハンマドの言行を直接見聞きした者からの記述が多く，その編纂作業と分量は膨大かつ複雑なものとなった。『ハディース』の編纂作業は法学者たちに連綿と受け継がれ，10世紀頃にはスンナ派が権威とする6つの『ハディース』を含む6伝承集が確立したとされる。

イスラム教徒が日常生活の指針とするのは，『コーラン』や『ハディース』，イジュマーやキヤースを総合したイスラム法（シャリーア）である。シャリーアという言葉は元来水場に至る道を意味する言葉である。シャリーアは各国で定められた法律に近しい側面をもつが，イスラーム共同体での円滑な生活のために制定されたものであり，一部の禁止事項を除いて刑罰等はほとんど決まっていない。共同体における人間同士の最低限の約束といった意味合いで，倫理的規範としての傾向が強い。

シャリーアは主に5つのカテゴリーに分類される。

1. 義務行為（ワージブ）…必ず行うこと。例：断食などのイスラム教徒に定められた五つの義務（＝五行），契約の履行，配偶者の扶養，ジハード等。
2. 推奨行為（マンドゥーブ）…行うことが良いとされること。例：自発的な財産寄進，結婚等。

3. 許容行為（ムバーブ）…行うか否かは自由なこと。例：飲食や売買等。
4. 忌避行為（マクルーフ）…行わない方が良いとされること。例：離婚や中絶等。
5. 禁止行為（**ハラーム**）…行ってはいけないこと。例：殺人，窃盗，姦通，豚肉を食べること，偶像崇拝等。

イスラム教を国教とする国では，国家の法律を制定する際にシャリーアを根拠とするように定められている。ただし，イスラム教徒の宗教的な義務であるため異教徒に課されることはない。

第６節　イスラム教の宗教儀礼について

人々は共同の礼拝施設であるモスクに集い，集団礼拝を行う。信徒が集う場所がモスクであり，荘厳な建物である必要性はないが，円形のドームにミナレット（尖塔，光塔）と呼ばれる塔が併設されているモスクが世界各地に数多く存在している。

ミナレットからは，礼拝の時間になると信徒への礼拝の呼びかけ（アザーン）が流れる。モスクの内部には，メッカの方向を示すミフラーブと呼ばれる壁龕（へきがん）（窪み）や金曜の集団礼拝の際に用いるミンバルと呼ばれる説教壇が存在する。男女の空間は分けられており，入り口も別々になっていることが多い。

モスクは信徒を指導するイマームと見習いであるムアッジン等によって管理されている。かつてムアッジンはミナレットから呼びかけを行っていたが，現在は録音などが用いられることも多い。

大きなモスクとなれば，子どもたちに読み書きを教える初等学校のクッターブやウラマーを養成するマドラサなどの学院が併設されている。イスラーム法による裁判を行うカーディーや病人やけが人のための慈善施設も完備されており，これらの運営はワクフと呼ばれる寄進財産によって行われている。

また，イスラム教徒は六信五行を信じ，行うべき義務としている。六信とは，六つの信じるものであり，以下の６つを数える。

図3-6　アヤ・ソフィア　モスクの外観などは華美にするように指示があるわけではない。ミナレットの本数などもモスクによって異なる。

1. 唯一絶対の神アッラー
2. アッラーに仕える天使（マラーイカ：マラクの複数形）
3. 預言者（ルスル：ラスールの複数形）
4. 啓典（クドゥブ：キターブの複数形）
5. 現世の後にやってくる来世（アーヒラ）
6. アッラーの定めた予定や意志である定命（カダル）

神（アッラー）は天地を創造した存在であり，唯一の存在として崇拝されている。最後の審判の主宰神であり，絶対的な存在である。ユダヤ教やキリスト教のヤハウェの神と同一視される存在である。アッラーは絶対的な存在であるため，神像や宗教画は一切存在しない。

天使（マラーイカ）は，神に仕える霊的な存在である。ムハンマドに神の啓示を授けたガブリエル（ジブリール）を最上位の天使とする。この他大天使ミカエル（ミーカール）や最後の審判の時にラッパで知らせるイスラーフィール，終末の際に霊魂を召し上げる役割を担うアズラーイール等がいる。

啓典（キターブ）は，神が預言者を通して人間に伝えた天啓をまとめた聖典

図 3-7　イスラム絵画　ちなみに，アッラーの姿等を偶像として彫刻や絵画で表現することは禁止されているが，皇帝の肖像画や物語の挿絵で人物等を描くことは禁止されていない。イスラム芸術は多様な表現がなされている。写真はアラビアンナイトの一部。

のことである。最も純粋に神の言葉を示すとされる『コーラン』をはじめ，ユダヤ教，キリスト教の諸聖典を含む。イスラム教徒がユダヤ教徒やキリスト教徒を，啓典の民と呼ぶ由来である。

預言者（**ルスル**）は，神と人間の仲介役として神の天啓を人々に伝える役割をもつ。人類の指導者に任命された者であり，イスラム教ではムハンマド，アダム，ノア，アブラハム，モーセ，イエスを六大預言者とする。

来世（**アーヒラ**）については，イスラム教では現世（ドゥンヤー）はやがて終末を迎えて来世が来ると考える。人間は肉体的死を迎えた後，終末を迎えるまで霊魂は残り，最後の審判の日を迎えたときに死者は復活して生前の善行，悪行の寡多により，楽園に行くか火獄に行くかが決定する。ムスリムはこのときに基本的には楽園である天国に導かれる。

定命（**カダル**）は，この世で起きるすべてのことがアッラーの支配下に決定しているということを指す。ただし，人間の意志的努力を否定するものではない。イスラム法学においても，行動を起こした人間の意思や責任能力は問うと

図3-8　サウジアラビアの国旗　サウジアラビアの国旗に表記されたアラビア語はシャハーダの聖句が記されている。ちなみにアラビア語は右から左に読む。

する。

五行とは，**信仰告白（シャハーダ）**，**礼拝（サラート）**，**断食（サウム）**，**巡礼（ハッジ）**，**喜捨（ザカート）**である。五行のうち，礼拝や断食は個人の身体を用いた神への崇拝行為であり，喜捨は財産を用いた神への崇拝行為である。基本的にすべての行為は，信仰心と結びついていなければ意味がないとされる。

信仰告白（シャハーダ）は，イスラム教徒（ムスリム）であるとの信仰告白のことを指す。「アッラーの他に神はなく，ムハンマドは神の使徒である」という聖句（カリマ）は，イスラム教への入信の際に必ず唱えられる。

礼拝（サラート）は，メッカの方角（キブラ）に向かって祈りを捧げるムスリムの義務である。礼拝は神に祈りを捧げる行為であり，一連の動作（ラクア）を繰り返す（1回の礼拝には20分程度のまとまった時間が必要となる）。聖典『コーラン』の一節（前述のカリマ）を唱えて自らの信仰を確認する機会である。

イスラム教徒の礼拝は，1日5回決まった時間に行うべきとされる。定められた時間（日の出前，昼，日没前，日没後，夜）に行うが，その時間は太陽の高さによって決まっている。一般的に，日の出前に行うファジュル礼拝，昼に行うズフル礼拝，日没前に行うアスル礼拝，日没後に行うマグリブ礼拝，夜に行うイシャー礼拝とある。

土地によって礼拝の時間は異なるため，ムスリムは独自の時刻表を作成して

図 3-9　モスク内部　礼拝場所は入り口を含め，基本的に男女別になっている。集団礼拝時だけでなく，多くの人がモスクに出入りしている。

確認しながら行う。近年は，仕事などを理由として規定外の時間に行うこともあるが，そうした行為に対する罰則などは特に存在しない。

礼拝前は，まずウドゥーと呼ばれる浄化の儀式を行う。両手両足，顔などを洗って口をすすぐ。金曜正午と祝祭の礼拝は集団礼拝が求められるが，礼拝の場所は屋内外を問わず，人数の指定も特にない。清浄な場所であれば異教徒の目に触れるような場所でも構わない。一人で行うことも問題はないが，できれば多くの人と一緒に行うのが望ましいとされる。

しかしながら，近年は落ち着いた場所で礼拝に専念できるよう，イスラム教徒が多く利用する施設には祈禱室などのスペースが用意されていることが多い。

金曜の正午は，通常の昼に行われるズフル礼拝の代わりにモスクにおける集団礼拝が行われる。イマームの説教を聞き，聖地メッカの方角に向かって行う。

正確にはカーバ神殿に向かって行うこととされており，カーバ神殿の周辺では人々が同心円状になって礼拝を行う。

金曜の集団礼拝は，イスラム共同体の成人男性に参加の義務がある。病人や子ども，旅行者などは参加を免除される。聖なる時間を過ごすため，男性はへそからひざまでの部分が隠れる衣服を身につける。女性は手と顔以外は衣服で覆うこととされ，服装規定が守られていないと礼拝自体が無効である。

断食（サウム）は，ラマダーン（イスラム暦で9番目の月）に日の出から日没まで飲食を断つ行為である。ラマダーンは預言者ムハンマドに初めて啓示が降りた聖なる月とされる。断食を行うことで空腹や自己犠牲を体験し，ムスリムとしての連帯感を強めたり神との一体感を感じるのが目的である。

日中は一切の飲食を絶たなければならないが，断食は一両日中ではなく，日没後から夜明け前までの食事は許されている。日没後はモスクで食事が振る舞われたり，家族，親類縁者が集って食事を楽しむ時期でもある。

断食は，病人や妊婦，老人や乳幼児などは免除される。健康を害することや生命を危険にさらすことは望ましくないとされる。旅行などの理由があって断食を行えない期間があった場合は，あとで同じ日数の断食を行うべきだと考えられている。

断食期間は，他人の喧嘩や悪口を言うといった行為，戦争なども休戦すべしとされる。夫婦間の性交渉や喫煙などの娯楽も慎むべきものとされる。ラマダーンの月が明けるとイド・アル＝フィトルと呼ばれる盛大な祭りが行われる。イスラム諸国では国民の祝日になっている。

巡礼（ハッジ）は，ムスリムであれば可能な限り一生に一度は経験するべき義務にあたる。ただし，五行に数えられるハッジは，聖地メッカにイスラム暦の12番目の月である巡礼月（イスラム暦12月8日から12月10日が正式な巡礼期間）に定められた手段で赴くことを指す。身体的，経済的余裕があり，その負担に耐えられる者がなすべき行為であり，大巡礼とも呼ばれる。それゆえ巡礼月には世界各地からメッカにイスラム教徒が集う。

巡礼の経路や作法は，ムハンマドがなくなる直前に行った別れの巡礼にならったものである。非イスラム教徒はメッカへの立ち入りが基本的にはできず，ハッジを済ませたムスリムはハーッジュ，ムスリマはハーッジャと呼ばれて尊

図3-10　カーバ神殿の外　メッカのカーバ神殿外周部。世界各地のイスラム教徒にとってメディナなども巡礼地の一つであるが，一大巡礼地はやはりメッカである。外周部でもカーバ神殿に向かって祈るため，人々は同心円状に祈りを捧げている。

敬される。

男性の巡礼者はミカトの地でまず身を清める。継ぎ目のないイフラームと呼ばれる白装束を身につけ，頭髪などを整えてメッカへと赴く。メッカに到着した後は，聖モスク（カーバの神殿を囲む建築物）の中に入って神殿の周りを反時計回りに7回回るなどの作法（タワーフ）を行う。神殿に安置されたムハンマドに由縁のある黒石に接吻したり，神に祈ったりする。その後聖モスクの地下にあるザムザムの泉の水を飲む（近年はザムザムの水をお土産に持ち帰る巡礼者が一般的である）。

大巡礼は定められた手順で行う必要があるため，巡礼者たちは『旧約聖書』に登場するハガルとイシュマエルの苦難を思いながらサファーの丘とマルワの丘の間を7度行き来したり，ムズダリファの谷やアラファト山に詣でる。これらの地を訪れるのはアブラハムが息子イサクを生贄として神に捧げたことを記念するためである。宿泊はミナーの地で野営となるので，巡礼月のミナーの野営地には複数のテントが設置される。

喜捨（ザカート）は，経済的に余裕がある者が救貧者の救済等を目的として財産の一部を提供する義務である。自発的に行う喜捨（サダカ）とは異なり，

図 3–11　伝統的な衣装を身につけたイスラム教徒の男性たち　男女ともに地域によってさまざまな伝統衣装を着用している。例えばエジプトの男性は，ガラベイヤという長衣とタギーヤと呼ばれる帽子をかぶるのが一般的だが，都市部で着用する人は減少傾向にある。

個人が所有する資産に対して一定率が課せられる。ザカートは一般的に断食明けのイド・アル＝フィトルの日にモスクに持参する。現代では国家が税金の形で徴収し，所得税のないサウジアラビアでも喜捨税が存在する。バーレーンでは失業保険の財源等となっている。

五行とは異なるが，イスラム教を語る上で**聖戦（ジハード）**の概念を外すことはできない。聖戦と訳されることから戦闘行為と同一視されるものだが，元来は目的のために意志的努力を行うことを意味するとされる。従って戦闘行為のみならず，自己犠牲や精神的な闘い，刻苦勉励も含まれると解釈されるのが一般的である。

『コーラン』において，確かに非信仰者との戦いを命じる文言は存在する。イスラム教の布教や拡大のために，ジハードは集団の義務として行われるべきものとされていた。暴力的なジハードも実際に含意されているとみてとれる。指導者となるべきカリフ不在の時代に，戦闘行為を含むジハードは，名目上異教徒の侵略から自分たちの土地を守るためと理解されて大義名分的に行われている側面も否定できない。イスラム原理主義者の活動などはイスラーム共同体

図3–12　アバヤを身につけたイスラム教徒の女性　女性の衣装は男性以上に多様である。近年はファッションショーなども開催され，スカーフ一つとってもヒジャブやアバヤなど多種多様である。

だけでなく，世界全体に危機感をもたらす可能性もある。しかし，大多数のイスラム教徒はイスラームの慣習を守る者たちであり，教育水準も高まる昨今にあって，積極的な戦闘を肯定することを現代イスラームの本質とみるのは早急であるといえよう。

現在，ジハードは2種類のジハードに分けて解釈するのが一般的である。信仰を深めるための内面的な非暴力的なジハードを大ジハード，戦闘行為等の暴力的なジハードを小ジハードとみなす。これは，戦いから戻ってきた際に「私たちは小さなジハードから大きなジハードに戻る」という『ハディース』にあるムハンマドの言行に依拠する解釈である。

また，暴力的なジハードは防衛戦を原則とし，非戦闘要員を攻撃したり殺害してはならないといった様々な条件が課される。武器を手にとるのは必要な時だけで，捕虜の拷問，女性や子どもへの性的暴力，敵の所有物の略奪や破壊を目的にしてはならないと規定されている。

すでに述べたとおり，イスラム教徒の日常生活はイスラム法（シャリーア）によって規定されている。例えば，服装規定として男女ともに慎み深い服装が基本である。伝統的な民族衣装は，男女ともに長衣で肌の露出などが少ないも

図3–13　チャドルを身につけたイスラム教徒の女性たち　イランなどでは外套着としてチャドルの着用が義務付けられている。屋内に入るとチャドルを脱いだ女性たちの色鮮やかな衣装を見ることができる。

のとなっている。

基本的に，イスラム教徒の女性は，未婚，既婚問わずヒジャブと呼ばれるヴェールを身につけることが多い。イラン等では，**チャドル**と呼ばれる外套着を外出時に身につけることが義務付けられている。これは『コーラン』にある「美しいものを隠しなさい」（24章31節）という記述に基づいている。

ムハンマド存命中のアラブ社会では，女性への強姦や盗難被害などが多発していた。美しい部分を隠す慎み深い服装は，こうした被害にあったときに女性側に非がないことを主張するためなどのさまざまな理由が考えられる。

『コーラン』の記述は短く，隠すべき具体的な体の部位などは解釈次第である。実際厳しい服装規定が存在するわけではないので，近年は色鮮やかなものやシルクなどを用いた高級なものも出回っており，ファッション化が進んでいる。

サウジアラビアの国教である保守的なワッハーブ派の女性は，目の部分がわずかに開いているほかは，口や鼻を含めて全身を覆うベールになっているニカブなどを着用する。ニカブに近いが目の部分が格子状の網目になっている完全に全身を覆うベールであるブルカを着用する人々もいる。もともとアフガニスタンのパシュトゥン人の民族衣装であり，女性蔑視や抑圧などの意味合いは持ち合わせていないとされる。しかし，スイスやオランダといったヨーロッパ諸国ではブルカ禁止法が施行され，公共空間における着用は禁止されている。フランスではライシテと呼ばれる政教分離の原則から，公立学校でのヒジャブ着用を禁止するなどイスラム女性の服装についてはさまざまな議論や措置がとられている。

イスラム教の食事規定は，食材の禁止規定（ハラーム）が有名である。まず豚肉を食べることが禁止されており，豚由来の調味料や豚を調理した器具などでつくった料理も禁止されている。豚肉が禁止である理由は複数あり，衛生上の問題なども大きかったようである。ユダヤ教徒同様，肉類は屍肉や異教徒によって捌かれた肉，動物の血を口にすること等も禁じられている。

また原則としてアルコールも禁止である。飲酒が禁止される理由は酩酊によって礼拝を行わなくなること等を避けるためとされている。したがって厳格なイスラム教国であれば，自国民だけでなく外国人への酒類販売もなされていない。しかしながら，政教分離を前提とするトルコなどでは飲酒が容認されているなど各国によって状況は異なる。また，生産から流通，販売へと至る過程でこれらのものと接触，混入を避けた食品を口にする必要がある。調理場所や調理器具もムスリム用に用意するのが望ましいところだが，調理方法についての詳細規定は特にないため，解釈によるところも大きい。

イスラム法（シャリーア）に基づき，ハラーム（禁止されるもの）に抵触しないものをハラール（許容されるもの）とする。豚肉やアルコールがハラームであるのに対し，食して良い食品に関してはハラールとし，ハラルフード等と呼ぶ。インドネシアではインドネシア・ウラマー評議会，マレーシアでは首相府イスラーム開発局等が，専門家による審査を実施して，合格した食品にはハラール認証を与えている。日常生活において，イスラム教徒はそうした食品や認定証を掲げるレストランなどを各自の判断で利用している。ただし，ハラール認証は各国別等であり，イスラム教圏での統一規格が存在しているわけではない。

昨今は，イスラム法（シャリーア）に基づいたイスラーム金融にも注目が集まっている。イスラーム金融は，融資や預金に伴う利子（リバー）を不労所得とし，ハラームとする。ただし投下資本による利潤は容認されるため，不労所得に抵触しない金融商品やサービスを提供するイスラム銀行や金融機関のイスラム教徒専用の窓口が世界各地でみられる。

例えば住宅ローンを組む場合，従来型の銀行であれば，顧客は利子付で現金を借り，月々返済金を支払うといった形が一般的である。他方，イスラーム銀行では銀行が住宅を購入した上で顧客に利益を上乗せして再販売を行う形態等をとる（ムラーバハ契約）。

ムラーバハ契約以外には，全額出資契約となるムダーラバ契約，共同出資契約となるムシャーラカ契約，リースに該当するイジャーラ契約，リース購入に該当するイジャーラ・ワ・イクティナーウ契約などのさまざまな形がある。ワディーア契約といった財産の保管を請け負う契約として預金サービスに近いものもあるが，原則イスラム銀行は無利子の金融機関として機能している。

イスラム教における通過儀礼は，ユダヤ教徒同様に割礼が挙げられる。『コーラン』に割礼への言及は存在しないが，慣習として一般的に男性のイスラム教徒は包皮を除去する施術が執り行われる。割礼をすべき男の子が生まれたら，生後7日目か7–12歳の間に施術するのが一般的である。いわゆる成人式のようなものはなく，イスラーム共同体の成員であるのは礼拝が一人できちんと行えるかなどを基準に判断する。

結婚は，基本的にお見合いで決まっていたが，現在は恋愛結婚であることも多い。イスラム教徒同士が基本であるが，イスラム教徒と非イスラム教徒の結婚も増えてきている。ムスリムと非ムスリマとの結婚については啓典の民であれば可能とするが，女性側の改宗を求めるといった解釈が一般的である（啓典の民の範囲は各法学派によって異なる）。非ムスリムとムスリマの結婚は原則禁止であり，見つかった場合は姦通罪に問われるとされるが，現代社会に即して結婚を認める例も増えてきている。

葬式は基本的に土葬のためすぐに執り行われることが多い。遺体を洗浄し，白い無地の布をかけてモスクに運ぶ。遺体を説教壇（ミンバル）に安置してイマームによる礼拝が執り行われる。礼拝が終わると遺体を中心に葬列が組まれて墓地まで運んで土葬に伏す。イスラム式の葬式や墓標は簡素であることが多い。

イスラム教では，独自のイスラム暦（ヒジュラ暦）を用いる。イスラム暦は太陰暦のため，太陽暦より1年が11日短い。イスラム暦はムハンマドがヒジュラを行った年である西暦622年を元年とする。このイスラム暦に基づいて，六信五行や祭日などが実施されている。

ムスリムにとって重要な祭日は，**イド・アル＝フィトル**と呼ばれる断食明けの祭日である。国によっては大型連休になるため交通渋滞などが予想される。もう一つには，イド・アル＝アドハーと呼ばれる犠牲祭がある。アブラハムが息子のイサクをアッラーへの犠牲として捧げたことを記念する日である。大ハッジの最終日にあたる。祭りはおよそ3,4日間続き，イスラム教圏の国では休日となる。羊や牛，ヤギなど家畜を解体し，家族や友人，貧しい人々へ供するのが一般的である。

これ以外に，主にシーア派の年中行事が3つある。一つ目は，アーシュラーと呼ばれるシーア派の第3代イマームのフサイン・イブン・アリーが殉教した日である。アーシューラーでは，フサイン・イブン・アリーの殉教を哀悼するため，大規模な行進が行われる。人々はフサイン・イブン・アリーの死を，涙を流して大声で嘆き悲しむ。さらに，フサイン・イブン・アリーの棺を模した神輿を担ぎ出すといった哀悼の意を表現する熱狂的な儀礼が繰り広げられる。

二つ目は，アーシューラーの40日後に行われる儀式のアルバイーンである。フサイン・イブン・アリーの殉教から40日目の喪明けの儀式である。数百万人規模のシーア派の信徒が聖地カルバラーに向け巡礼，行進を行う。

三つ目は，マウリド・アン＝ナビーと呼ばれる預言者ムハンマドのヒジュラ暦における誕生日を祝う日である。イスラーム共同体では聖者の生誕祭（マウリド）を祝う習慣があり，インドネシアなどでも祝日にあたる。生誕祭の前日から当日の夜にかけて信徒たちが大行列を組み，ムハンマドとアッラーを称えながら行進する。

第4章　仏教の基礎知識

第1節　仏教の概要について

仏教は紀元前5世紀頃にインドで発祥した宗教である。バラモン教を基本的に継承したヒンドゥー教に対し，元来バラモン教において崇拝される神々を否定的に捉えたのが仏教である。当初，開祖**ゴータマ・シッダールタ**（釈迦）が組織したのは，断食などの苦行や特定の神的存在を崇拝し，ヒンドゥー教における絶対的な帰依（**バクティ**）のような神々への信仰姿勢とは異なる方法で解脱を目指す出家集団であった。

仏教が成立した時代は，バラモン教における形骸化した宗教儀礼等を批判する時代であった。そのため，仏教以外にもジャイナ教やアージーヴィカ教といった数多くの自由思想家や新興宗教が生まれた。バラモン教の中からもウパニシャッドなどの教義書が作成されて旧来の伝統が見直された時代でもあった。新しく登場してきた諸宗教は，バラモン教の聖典の類である**ヴェーダ**の内容や社会制度であるカースト制度の否定をする一方，**輪廻転生**の概念や解脱，修行方法としてヨガの修養を前提とするなど共通点が多い。

仏教は発祥地インドで思想的断絶を迎えるが，東南アジア等に伝播した伝統的な系統を受け継ぐ上座仏教では開祖ゴータマ・シッダールタの神格化が進んだ。悟りを得た者＝**ブッダ**（仏）として上座仏教の世界では崇拝されている。それゆえ，上座仏教では，基本的にブッダは釈迦仏一尊のみである。

これに対し，中央・東アジアへ伝播した大乗仏教の世界では数多くの仏が存在する。さまざまな次元に仏が存在するとし，多仏信仰が一般的である。日本に至っては神仏習合の影響もあり，諸仏のみならず，それに準じる**菩薩**（ぼさつ）や**明**（みよう）

図 4-1　仏の代わりに崇拝対象とされた法輪　仏教では，インドの神々を信奉せず，理想的な人間を目指すことを目的としたため，当初偶像崇拝をすることはなかった。しかし，開祖ゴータマ・シッダールタが亡くなり，神格化することによって次第に仏像を作成するようになる。具体的な仏像を作る前までは法輪を仏と見立て，具象化を避けていた形跡がある。

王（おう），インドの神々等を起源とする天といった神的存在をも崇拝する。時代や信仰地域によって崇拝対象が異なるのが仏教の特徴でもある。

各地域で独自の発展を遂げた仏教の宗派は，数多く存在する。近年は大別して一仏を信仰する上座仏教，多仏を信仰する大乗仏教，多仏信仰の中でも密教色が色濃く独自の発展を遂げたチベット仏教として仏教を地域別に区別するため，仏教の宗派については以下この分類に従い，各地域ごとの大まかな仏教の特色を説明していく。

仏教の聖地は開祖ゴータマ・シッダールタにまつわるインドの八大聖地が一般的である。生誕地であるルンビニーをはじめ，悟りを開いた菩提樹があるブッダガヤーや最初に自らの教えを説いた初転法輪の地であるサールナートなどが有名である。

仏教の聖典は基本的に**経典**と呼ばれる。経典の数は膨大で，開祖の死後，仏典結集と呼ばれる編纂会議を経て数多く作成された。主に開祖ゴータマ・シッダールタの言葉を集めたとされるアーガマ（阿含）と呼ばれる経典類と大乗仏教興隆以降に作成された大乗経典類に分類される。したがって，上座仏教では

4月の新刊

勁草書房
〒112－0005 東京都文京区水道2－1－1
営業部 03－3814－6861　FAX 03－3814－6854
ホームページでも情報発信中。ぜひご覧ください。
https://www.keisoshobo.co.jp

重要なことについて　第1巻

デレク・パーフィット 著
森村 進 訳

原著刊行後10年で21世紀最大かつ最重要哲学書の地位を確立した道標的大著、ついに翻訳完成！　道徳概念の根幹へと迫る浩瀚なる書。

A5判上製 624頁　定価 9900円
ISBN978-4-326-10302-7

重要なことについて　第2巻

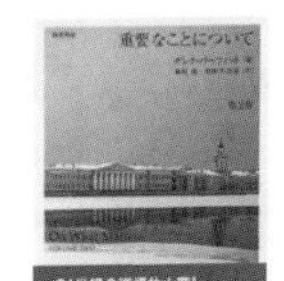

デレク・パーフィット 著
森村 進・奥野久美恵 訳

倫理学における20世紀最重要文献『理由と人格』を経た、今世紀の道標的大著。スキャンロンらによる批判も収録した必読文献。

A5判上製 888頁　定価 12100円
ISBN978-4-326-10303-4

言葉が呼び求められるとき

日常言語哲学の復権

アヴナー・バズ 著
飯野勝己 訳

哲学的困難を解消するには、哲学者の言葉を日常の使用に連れもどす必要がある――。日常言語哲学が現代哲学において持つ可能性とは。

A5判上製 324頁　定価 4730円
ISBN978-4-326-10304-1

アフリカから始める水の話

石川 薫・中村康明 著

水は古来互いに深く結びつき合っていた。水のすばらしさ、大切さ、水にまつわる交流を語る。

四六判上製 256頁　定価 2640円
ISBN978-4-326-24852-0

国際比較

ンス教育

政治家のレトリック

言葉と表情が示す心理

木下 健・
オフェル・フェルドマン 著

政治家が有権者を惹きつけるために用いるテクニックとは。話術だけでなく笑顔やしかめっ面にどのような意図が隠されているかを探る。

四六判上製 292頁　定価 3520円
ISBN978-4-326-35185-5

伝えるための心理統計

効果量・信頼区間・検定力

保街亜・岡田謙介 著

やレポートに
必須の情
p値

Book review
APRIL 2022

勁草書房
https://www.keisoshobo.co.jp

4月の重版

侵食される民主主義 下
内部からの崩壊と専制国家の攻撃
ラリー・ダイアモンド 著
市原麻衣子 監訳

専制政治の脅威に立ち向かい、民主主義を再生させるためには何が必要なのか？ デモクラシー研究の第一人者が処方箋を提示する！

四六判上製 256頁 定価3190円
ISBN978-4-326-35184-8 1版2刷

侵食される民主主義 上
内部からの崩壊と専制国家の攻撃
ラリー・ダイアモンド 著
市原麻衣子 監訳

民主主義国は中国とロシアの「見えない侵略」にさらされ、ポピュリズムで自壊している。デモクラシー研究の第一人者が警鐘を鳴らす！

公共知識人 ダニエル・ベル
新保守主義とアメリカ社会学
清水晋作

世紀の知の巨人、ダニエル・ベル。彼の思想的営為を

教育思想双書 II-1
教育思想のポストモダン
戦後教育学を超えて
下司 晶

教育機会保障の国
早期離学防止政策とセカンドチャ

横井敏郎 編著

学校からドロップアウトする若者に対し、いかに教育を保障するのか。主要国での課題を整理し、教育機会保障の政策の実際を分析する。

A5判上製 288頁 定価4400円
ISBN978-4-326-25162-9

4月の重版

心の哲学入門
金杉武司

心って、いったい何？ 心の哲学の概念や考え方を解説し、哲学的に考えるとはどういうことかを道案内する初心者向け入門書！

四六判上製 240頁 定価2200円
ISBN978-4-326-15392-3 1版12刷

食農倫理学の長い旅
〈食べる〉のどこに倫理はあるのか
ポール・B・トンプソン 著
太田和彦 訳

皆が食べ続けることができる食べ方とはどのようなものか。生産の効率性に重きを置く市場原理主義的なフードシステムのあり方を問う。

四六判上製 416頁 定価3520円
ISBN978-4-326-15468-5 1版2刷

陶磁考古学入門
やきもののグローバル・ヒストリー
野上建紀

陶磁器のライフヒストリーは海を越える。生産・流通・消費の痕跡を考古学的に調査し、やきものが紡いだ東西文化交流を浮び上らせる。

A5判並製 288頁 定価3520円
ISBN978-4-326-20061-0 1版2刷

論
書くべ
報とは何か
だけでは見過ご
れてしまう成果を、はっきりと読者に伝えるために必要なテクニック。

A5判並製 228頁 定価3080円
ISBN978-4-326-25072-1 1版9刷

基本的にアーガマのみを経典とし，大乗仏教等はアーガマと大乗経典両方を聖典とみなす。

聖典にあたる諸経典の中には，さまざまな教義が示されている。仏教の経典類はその内容から教義中心の経，生活規範となる戒律を収めた律，経の解説にあたる論が存在する。教義は多岐にわたるが，その中心は開祖ゴータマ・シッダールタの教えとその生活である。

仏教では世俗を離れて出家した僧侶（女性の場合は尼僧）と一般信徒の在家を区別する。かつて出家者は人里離れた場所で修行や学習などをしていたが，現在は宗派等によって修行の内容や期間などはさまざまである。日本の僧侶は基本的に所定の儀式を経て各宗派で灌頂受戒した者であり，主に仏教寺院の管理をしている。

偶像崇拝については，当初忌避されていたが特定の規定が存在するわけではない。ゴータマ・シッダールタの神格化が進むに従い，あまたの仏像や宗教画が作成されることとなった。多仏の世界を描く**マンダラ**など独自の世界観を表現する手法も確立していった。

一般信徒は寺院を訪れ，経典の一説を唱えたり，合唱して仏像に祈りを捧げる。家庭にある仏壇にも同様のことを行う。チベットでは身を投げ出して行う五体投地での礼拝も行われる。仏教寺院では仏式の結婚式や葬式が執り行われるほか，花まつりや灌仏会（かんぶつえ）等開祖ゴータマ・シッダールタにまつわる年中行事が行われている。

死生観としては，ヒンドゥー教同様，輪廻転生を前提としている。元来出家者は，輪廻の流れから離れるために解脱を目指した。死後の世界について開祖自身経験したことがないため，答えることができない（無記）としている。ただし，時代を経るうちに仏教的な輪廻観として，人は死後に新たな生を受けるが，どこの世界に生まれるかは前世の行い（業）によって決定するとする。生まれ変わる先は輪廻の先に天，阿修羅，人間，畜生，餓鬼，地獄の6つの道のいずれかと考えるようになる。この六道輪廻（りくどうりんね）の考え方は，紀元前後に大乗仏教が成立する頃に整備されたとされる。

仏教の信仰地域は東アジア，東南アジアが中心地である。古くからスリランカを経由して，インドネシアのバリ島や東南アジア内陸部のタイ，ラオス，カ

図 4-2　タイの仏教僧たち　タイなどでは多くの僧侶を見かける。厳しい戒律を守りながら生活する出家者も多いが，還俗（げんぞく）も可能で人によって数ヶ月間出家するといった形もある。

ンボジア等に伝わって国教とされた。こうした南路で伝わった仏教が上座仏教である。他方チベットや中国を経て，朝鮮半島や日本といった主に東アジア地域では大乗仏教が信仰されることとなった。

日本では朝鮮の百済より仏教が伝来し，奈良時代に国家鎮護の観点から大仏が建立されるなど当初は国家主導の形で仏教が受容された。神道や中国から伝わってきた儒教や道教の影響もあり，**宗教混淆（シンクレティズム）**の様相を呈し，独自の仏教が育まれることになる。

発祥地インドでは，12 世紀末から 13 世紀初頭に相次ぐイスラム王朝の乱立と他宗教排斥が起きて，仏教信仰の形跡がみられなくなっていく。現在，インドにいる仏教徒は，インドの政治家および思想家のアンベードカル（1891–1956）による大改宗を起点とする，ヒンドゥー教から仏教に改宗したネオブッディストと呼ばれる信徒たちが中心である。カースト制度による根強い差別意識からの変革の一環でもあり，改宗する動きは現在も続いている。インド仏教徒協会などの協会（サマージ）によって仏教の普及活動が展開している。協会から派遣された伝道師たちが村落などと交渉をして集団改宗が行われることも少なくない。現在仏教の発祥地であるインドでは，仏教徒の数は全人口の

0.77%と言われている（2001年の国勢調査による)。こうして発祥地であるインドでは一度断絶した宗教であるが，東アジアを中心として世界各地に伝播したことから世界三大宗教の一つとして挙げられる。

第2節　仏教の開祖について

紀元前5世紀頃の北インドは，コーサラ国やマガダ国といった強国の他，小都市の国家が乱立している状態だった。小都市国家の一つであるカピラヴァストゥには，シャカ族（釈迦族）と呼ばれる人々が居住していた（一説にはコーサラ国の属国であった)。

そのシャカ族の王子として生まれたのが仏教の開祖ゴータマ・シッダールタである。ゴータマとは「最上の牛（をもつ)」，シッダールタとは「目的を達した」という意味である。シャカ族の尊者という意味で，釈迦，釈尊，釈迦牟尼，お釈迦様という尊称が使われる。また，悟りを得た後は，ブッダ（悟りを得て目覚めた者の意）と呼ばれるようになった。当時から悟りを得た覚者は，ブッダと呼ばれていたので，ブッダは複数存在していた可能性がある。ここでは，便宜上仏教の開祖をブッダと以降表記する。

現在，日本の学会等でブッダの生没年についてさまざまな意見がある。紀元前563年から紀元前483年頃とする説と紀元前463年から同383年とする説が一般的であるが，生没年については石碑などの考古学的資料などから推察するしかなく，特定は困難な状態である。

ブッダは，カピラヴァストゥの王スッドーダナ王（浄飯王）と妃マーヤー（摩耶夫人）の間に生まれた嫡子である。伝記では，マーヤーが里帰りのために立ち寄ったルンビニーの林園で生まれ，母親の右脇腹から産道を通らずに生まれたとされる。生まれてすぐに四方に七歩ずつ歩み，右手で天を，左手で地を指して「天上天下唯我独尊」と語ったとされるが，後代奇跡的な事跡として挿入された可能性が高い。

母親の右脇腹から生まれたという説は，伝統的に男子は右脇腹に，女子は左脇腹に寄っているという話からくるものである。また脇腹から生まれ，産道を通らなかったというのは血にまみれた通常の出産と異なることを意味している

図4-3　仏像　結跏趺坐の仏像はよくみられる。額の上に白毫や頭部には螺髪といったブッダとしての三十二相といった特徴が示される。

と考えられる。ブッダの伝記にはこうした奇跡的事象が複数記載されている。

母マーヤーがブッダの生誕後一週間ほどで亡くなり，ブッダは養母マハープラジャーパティー（マーヤー夫人の妹，スッドーダナ王の後妻となる）によって育てられた。王子として何不自由なく育ったブッダは，成人してから妃ヤショーダラーと結婚し，一子ラーフラをもうけた。当時の王族・貴族にあたるクシャトリア階級がなすべき役割を果たしていたことが知られるが，**四門出遊**と呼ばれる出来事などを通じて，出家への思いを募らせていったと推察される。

四門出遊とは，ブッダが居住していた城にある4つの門から外遊したときの出来事を指す。東西南北の門から出ると，それぞれ出先で老人に出会い，病人に出会い，死者に出会い，最後に出家者（生者）に出会って自ら出家を望むようになったという出来事である（複数の経典にこの逸話が登場し，外出する門や出会う人物の順序は異なる）。この出来事を通して生きることに苦しみをみたブッダは当時のインドの中で世俗を離れた生活を望んだとされる。

当初一国の後継者として出家は許されることはなかったと考えられ，一般的なクシャトリヤが歩む学生期や家庭を作り後継を育てる期間を経験したブッダだったが，29歳のときにその生活を手放し，ついに出家をしたとされる。出家に際し愛馬カンタカとの別離なども仏伝に記されている。

図4-4　仏教の八大聖地の一つブッダガヤ　ブッダが悟った場所とされるブッダガヤの大菩提寺。仏教の八大聖地の一つとして多くの人が訪れる。

当時の出家者は最初から１人で修行する者は少数だったようで，ブッダはまず２人の師匠アーラーラ・カーラーマとウッダカ・ラーマプッタのもとで学んだとされる。物に囚われない無所有所や，考えることにも囚われず考えないことにも囚われない境地の非想非々想所（ひそうひひそうじょ）といった禅定（ぜんじょう）を体得したとされる。

やがていずれの師匠とも決別し，５人の仲間と厳しい修行を行う共同生活を送ったとされる。しかし，苦行で悟りを得られなかったブッダは苦行を捨てることとなる。苦行を捨てたブッダは５人の仲間と別れた後，村娘スジャータからの乳粥の布施を受け取る。そして，快楽にもよらず，苦行にもよらない両極端によらない中庸（ちゅうよう）（＝中道）を選び取り，ブッダガヤの菩提樹の下で瞑想をする中で，四魔と呼ばれる悪魔の誘惑との戦いに打ち勝って悟りを得たとされる。

６年間の修行を経て，ブッダは35歳頃に悟りを得た。しばらくの間悟りの境地を堪能した後，ブッダは布教活動を躊躇するが，天から梵天（＝ヒンドゥー教の創造神ブラフマーのこと。仏教では仏教を守護する守護神とされる）がやってきて，その素晴らしい教えをこの世に広めるよう願い出た（＝梵天勧請（ぼんてんかんじょう））とされる。そこでかつての５人の仲間の元に赴き，教えを説いた。この出来事は鹿野苑で行われた初めての説法として**初転法輪**（しょてんほうりん）と呼ぶ。５人の仲間がブッダの悟りに賛同したところから仏教が始まったともいえる。

ブッダの賛同者は次々と集まり，初期仏教教団が形成されるに至った。ブッダの下に集まった者たちはブッダと同じ悟りの道を目指す出家者集団とそれを支持する在家集団に分けられた。出家者は規律のある厳しい生活が求められ，在家者たちも五戒を守り，仏（＝ブッダ），法（ブッダの教え），僧（＝出家者たち）の三宝に帰依することが求められた。

五戒とは，**不殺生戒**（殺してはならない），**不偸盗戒**（盗んではいけない），**不邪淫戒**（淫らな行為をしてはいけない），**不妄語戒**（嘘をついてはならない），**不飲酒戒**（お酒を飲んではならない）という5つの努力目標である。お酒を禁止するのは，一説に他の戒を誘発するためとされる。上座仏教では特に厳しく守ることが求められる。ただし出家者の場合と異なり，一般信徒が五戒を守れない場合に僧団内で罰則を受けるといったことはない。この伝統は，特に上座仏教に受け継がれている。

初転法輪の後，カーシャパ兄弟を回心させて54人の弟子を獲得するなどブッダ存命中から多くの弟子を抱えるようになったことが知られる。仏教はカースト制度そのものやそこから生まれる差別に否定的であったため，ブッダのもとには漁師や遊女などさまざまな職業身分の者が集ったとされる。

また，ブッダ存命中に懐疑論者として知られるサンジャヤの弟子であったマウドガリヤーヤナ（目蓮）やシャーリプトラ（舎利弗）を弟子として，十大弟子と呼ばれる高弟が組織される。この他，ブッダの実子であるラーフラ，従兄弟とされるデーヴァダッタなども出家することになるが，デーヴァダッタは，独断的な行動をとったり独自の修行を主張するなどしてブッダと袂をわかったことも記されている。養母のマハープラジャーパティーも出家し，最初の女性出家者かつ女性だけの出家集団が当初の仏教教団の中で生まれたことも経典から知られることである。

十大弟子と呼ばれる高弟は以下の通りである。

- シャーリプトラ（舎利弗）…智慧第一と呼ばれる弟子。仏法をよく修めたとして経典中にも多く登場する弟子。
- マウドガリヤーヤナ（目蓮）…神通力（超能力に近しい超越的な力）第一の弟子。

- マハーカーシャパ（大迦葉）…頭陀（ずだ）（清貧に徹すること）第一の弟子。
- スブーティ（須菩提）…解空（げくう）（空の思想を最もよく理解すること）第一の弟子。
- プールナ・マイトラーヤニープトラ（富楼那）…説法第一の弟子。
- カーティヤーヤナ（摩訶迦旃延）…論議第一の弟子。
- アニルッダ（阿那律）…天眼（てんげん）第一の弟子。アニルッダ自身は盲目であったが，智慧の眼に優れた人物と知られる。
- ウパーリ（優波離）…持律（律と呼ばれる生活規定などに詳しい）第一の弟子。
- ラーフラ（羅睺羅）…密行（修行に厳格）第一の弟子。
- アーナンダ（阿難）…多聞（最もブッダの教えを聞く）第一の弟子。

高弟たちの活躍により，まず北インド各地に仏教は広まっていくことになる。ブッダ自身も遊行生活を続けて80歳のときに亡くなったとされる。この出来事を入滅（仏滅）と呼ぶ。ブッダは涅槃の境地に至ったとされ，これ以降，弟子たちはブッダを理想として共同生活を行なっていくこととなる。

第3節　各地の仏教とその形成過程について

ブッダの入滅後，十大弟子たちを中心として布教活動が行われた。やがて十大弟子の一人であるアーナンダが見聞きしたブッダの生存中の教えをまとめるために**仏典結集**（ぶってんけつじゅう）と呼ばれる経典編纂が行われた。各地に広がった仏教の教義もまた，他の宗教同様に教義の統一性を保持することが必要となったためである。

複数回行われた仏典結集によって，ブッダの教説をまとめた諸経典，出家集団としての生活規定である律（戒律），経典の研究や解説書にあたる論が成立した。経のまとまりを経蔵，律のまとまりを律蔵，論のまとまりを論蔵ということからこれらをまとめて**三蔵**と呼び，時代を経るごとに整備された。

その後，経典解釈の違いなどによる教団内部の対立から保守派の上座部と改革派の大衆部に分裂した。これを根本分裂と呼ぶ。およそ紀元前100年を経た

図4–5　経典を読むチベット仏教僧　今日の経典の類は仏典結集等を通じて作成された。他の宗教に比べてその数や量は膨大である。かつては貝葉（パームリーフ）に書かれた。現在は大蔵経のようにまとめられている。

頃とされる。分裂の直接的原因は金銭の布施を認めるかどうかといった点にあったとされる。ヴァイシャーリーのヴァッジ族の出家者が唱えた従来の戒を緩和する形の十の事柄（十事）を厳格な長老たち（上座の出家者）が認めなかったことによるとされる。

その後，上座部や大衆部からさらに細かく分裂（＝枝末分裂）して複数の出家グループが誕生した。ある伝承では，上座部12派・大衆部8派の計20派が成立したとされる。各部派は上述の三蔵の保持を仏教徒としての共通点としながらも，各部派ごとの経典編集や注釈研究を行なった。部派仏教の中でもっとも有力となったのが上座部系の説一切有部（せついっさいうぶ）である。この部派の系統が南インドやスリランカを通じて東南アジア一帯へと伝播することになる。

他方，1世紀頃になると，教理研究などを重視する上座部などの部派仏教に対し，異を唱える大乗仏教が登場してくる。大乗仏教の思想はシルクロード沿いにある中央アジアの都市国家に伝えられ，紀元前後に中国に及んだ。部派仏教も同時期に中央アジアと南海航路経由で中国に伝えられた。中国に翻訳経典をもたらしたクラマラジーヴァ（鳩摩羅什）（344–413）らの尽力により大乗仏教の基本教理は伝えられ，東アジアでは主に大乗仏教中心に伝播することになった。

また，チベットでは吐蕃国であった7世紀頃に仏教が伝来したが，インド仏教の密教化も進んでいたため，密教中心の仏教がチベットでは信仰されるようになった。

こうして上座仏教，大乗仏教，チベット仏教という特色ある仏教が各地で信仰されることとなった。以下，これら各地域の仏教について歴史的背景やその特色について述べることとする。

上座仏教

上座仏教は，主に東南アジアのインドシナ半島内陸部の国々で信仰されている。解脱し涅槃の境地に至れるのは基本的に出家した者だけという教えを守り，バングラデシュや中国雲南省の一部にも信仰者がいる。グローバル化によって，諸外国にはスリランカや東南アジアからの移民向けの仏教寺院が設立されており，近年では欧米外国人の出家者や現地欧米人向けの上座仏教集団も形成されている。

上座仏教は，古代インドで上座部と大衆部の根本分裂があり，そのうち前者とのつながりがあると言われるが，歴史的には不明な点は多い。現在の上座仏教は，紀元前3世紀頃にインドのアショーカ王がマヒンダ長老をスリランカに布教師として派遣したことを起源とするものである。この時期に出家集団の成員である比丘（びく），比丘尼（びくに）両方の出家集団（サンガ）の伝統が伝来したとされるが，11世紀頃に比丘尼サンガの伝統は途絶えたとされる。したがって正式な尼僧は存在せず，修行者扱いにとどまっている。

スリランカでは5世紀頃になると，大寺（マハーヴィハーラ）派において，インド人僧侶ブッダゴーサ（生没年不詳。およそ5世紀頃の人物）が『清浄道論』やその他の注釈書を執筆し，現存する上座仏教の教理解釈の基盤を作った。12世紀にはパラークラーマ・バーフ1世（1039–1110）によって，上座仏教諸派を大寺派に統合し，仏典結集が行われた。これにより僧団の規約ならびに指導的地位となるサンガラージャの役職が制定された。僧団組織の確立は王権によるサンガ統治と仏教を後ろ盾にした王権という統治モデルを構築し，広く東南アジア地域に受容されていった。

東南アジアへの仏教受容は，すでに5–6世紀頃には始まっていたが，スリランカでの制度の確立によって，東南アジア諸王朝によって積極的に取り込まれることになる。実際，正統派とされたスリランカの大寺派の教理を受容すべく，東南アジアの諸王朝は，スリランカへの僧侶派遣やスリランカ僧侶の招聘を行うようになった。

しかし16世紀以降，東南アジア地域はヨーロッパ諸国により植民地となった。タイを除く諸王朝が19世紀半ばよりイギリスやフランスの植民地となり，仏教冷遇の時代となる。そのため，19世紀後半になると，近代化された仏教とナショナリズムを基盤とした独立運動が展開することになる。こうして植民地であった諸国は，第2次世界大戦後に独立を果たすこととなる。上記の歴史的背景により，現在上座仏教が信仰される地域のほとんどが，主にスリランカの大寺派の系統を引き継ぐものである。仏・法・僧の三宝が帰依の対象であり，寺院本堂の本尊仏はほとんどがブッダ（釈迦如来）である。聖典はスリランカ経由でやってきたパーリ語の経・律・論の三蔵を基本とする。

上座仏教では信仰者は剃髪をし，黄衣を着用する世俗を離れた出家者（僧侶，悟りを得た最上位の者は阿羅漢（あらかん）と呼ばれる）と一般信徒である在家者に分けられる。僧侶は，特別な存在として敬意を払われる。正式な男性僧侶は比丘（女性の場合は比丘尼）と呼び，見習い僧のことは沙弥（しゃみ）（女性の場合は沙弥尼（しゃみに））と呼ぶ。上座仏教の出家者は一般信徒とは異なり，婚姻関係をもたず飲酒の禁止，禁葷食（きんくんしょく）の遵守など多くの戒律を日々守る生活をしている。禁葷食とはニンニクやネギ類などの五葷を摂取することの禁止を指す。食事の禁止規定として，三厭（さんえん）と呼ばれる動物性の食物も忌避すべきものとされている。

今日，女性僧侶の戒律が途絶えてしまったため，女性が正式な僧侶である比丘尼になることは原則としてできない。比丘尼ではないが，剃髪し白衣に身を包み，寺院で出家修行に励む女性出家者たちが一定数いる。男性の比丘同様，修行や学業に励む有能な女性出家者たちは，一般信徒から尊敬の念をもたれている。近年，伝統復興運動の一環として女性の戒律復興運動の動きもある。

上座仏教における在家者は，自身もしくは親族等が功徳を得るために僧侶への施食（せじき）や金品の布施を行う。寺院に出入りし，僧侶の身の回りの世話をする在家信者も多い。在家信者も五戒と呼ばれる戒律を実践することが推奨されている。

図4-6　出家者に布施をするタイの女性　タイなどでは托鉢に出ている僧侶を見かけることができる。近年は多忙で家にいない家庭も多いため，食事の用意は輪番制にするなど変化もある。

在家者の中でも敬虔な信徒は僧院に宿泊して修行を行ったり，八斎戒と呼ばれる五戒よりも厳しい戒律を遵守する者もいる。八斎戒は，五戒の他に，装身具を身につけず，化粧などをせずに歌舞音曲を楽しまないこと，高い枕を使用し，寝台で寝ないこと，昼食以後に食事をとらないことを加えた戒律である。さらに，在家者には仏教儀礼の支援や参加，子どもを教育することや社会貢献も推奨されている。瞑想や説法を拝聴することも功徳を積むことにつながるとされる。

在家者が五戒を守るのに対し，比丘は227ほどの具足戒（ぐそくかい）を守る存在である（また，比丘尼には比丘に対して守らなければならない規律があるため，比丘尼に課せられる戒律は比丘よりも多い）。基本的に殺生は禁じられており，食事のために殺害したとされる動物の肉は食べてはいけないとなっている。僧侶は自ら食物を収穫したり，調理してはいけない決まりとなっているので他者からの施しに頼ることになる。それゆえ，一般信徒たちによって供されたものであれば，肉を食することを可とする宗派もある。その際，女性が食事のお世話をする場合には，比丘に直接手渡しをしてはいけないことになっている。見習い僧である沙弥らは，まず十戒を堅持することとなっている。

図4-7　タイの仏教寺院内部　上座仏教の国々では敬虔な信徒たちに支えられて，荘厳な寺院（ワット）が多い。近年は観光資源としても活用されている。

他方，東南アジアでは短期間のみ僧侶となって修行を行い，一定期間修行をしたのちに還俗するといった慣行も存在する。男性が短期間で出家することは，母親の功徳となると考える風潮ゆえである。それゆえ寺院内の出入りは流動性が高いのも特徴の一つである。

東南アジアの上座仏教の僧侶は社会活動にも積極的で，ミャンマーでは民主化以前の軍事政権時代に抗議のデモを行う僧侶が社会的影響を与えていた。カンボジアでは1970年代のポル・ポト（1928–1998）政権下，僧侶を含む大量虐殺が行われたが，政権崩壊後は国外の支援もあって僧団や僧院の復興が進められている。献金によって寺院（ワット）が再建されて，1989年には仏教が国家宗教として認められるようになった。

大乗仏教

大乗仏教の起源は，それ以前に存在していた部派仏教の教理研究への批判等とされている。仏教教団が大きくなるにつれ，経典の解釈が異なるようになる。それゆえ複数の部派に分裂したが，部派では，悟りを開いたのは開祖のブッダ

図 4-8　ボルブドゥールのストゥーパ　仏骨を安置する仏塔（ストゥーパ）は各地域によって簡素なものもあれば，華美なものもある。写真はボルブドゥールの仏塔。分骨には限りがあるので，経典や聖遺物が入っているとする仏塔もある。チベットや中国，日本など数多くの地域に伝わって各地に仏塔が存在する。

のみと考えるのが一般的であった。そのため，出家者はこのブッダを理想像として修行することが目指され，出家を望んでいても叶わない在家者は来世に生まれ変わって出家できることを目指し，功徳を積むことが推奨されていた。

こうした状況は，信徒数の増加や政情不安の解消等により，出家者が生活に貧窮することがなくなったことを意味する。それゆえ，正しい真理の獲得のために，出家者はより一層教学や自らの修行に注力することになるのだが，これを批判的にみる者たちが次第に登場し，新たな潮流として大乗仏教が生まれてきたと言われている。

大乗仏教は，紀元前後から登場してきた新たな仏教思想であり，伝統的な仏教の考え方も踏襲している。大きな特徴としては，出家者は自分の悟り（自利）だけを求めるのではなく，自己を悟りの境地に到達させるとともに，慈悲の精神に立って多くの人々を苦から救う（利他）ことを理想とした点である。在家者をも救う存在として，菩提を希求する衆生（しゅじょう）＝「菩薩」という理想像が生まれ，菩薩が解脱の先にある平穏な境地に多くの人々を運ぶ，大きな乗り物であるという意味で自らを大乗仏教と称した（大乗仏教徒はそれ以前の部派仏教を批判して小乗仏教と蔑称で呼んだとされる）。

部派仏教の時点では，阿羅漢と呼ばれる自らの悟りを目指す存在が崇拝されたが，大乗仏教の思想が広まると，多くの信徒を涅槃へと連れていく存在である菩薩への崇拝が顕著となった。菩薩は，ブッダのようにすでに悟ることができる状態にも関わらず，この世に留まり一般信徒を導くとされ，篤く信仰された。同時に，崇拝対象として多くの仏像や仏塔（ストゥーパ）が建立された。仏塔とは，ブッダの遺骨（仏舎利）が安置されている建造物のことである。現在，インドを離れてチベットや中国，朝鮮半島や日本にまで数多く分骨されて，各地の仏塔に安置されている。こうして，偶像崇拝を基本的に禁止する仏教においても，偶像に対する礼拝によって信仰心を示すことが重要視されるようになった。

菩薩の地位向上とともに，菩薩の修行徳目として，**六波羅蜜**（ろくはらみつ）が確立することになる。六波羅蜜とは，大乗仏教の求道者が実践すべき以下の6つの徳目である。波羅蜜とは，向こう岸（彼岸）に渡るという意味で，迷いの此岸から悟りの彼岸に渡るということを指し，真理を悟る智慧の完成を意味する。

- **布施**（**波羅蜜**）…物資や教えを与えること（ただし，布施をする自己も，布施を受ける他者も，布施をする物もすべて空であることが悟るべき内容とする）。
- **持戒**（**波羅蜜**）…戒律を守ること。
- **忍辱**（にんにく）（**波羅蜜**）…迫害や困苦を耐え忍ぶこと。
- **精進**（**波羅蜜**）…悟りを得るために心を集中して努力を継続すること。確固とした意志をもち，忍耐強く悟りを開くための修行と一切衆生を救済する利他行を成し遂げること。
- **禅定**（**波羅蜜**）…精神統一のための瞑想（禅定）を正しく行うこと。
- **般若**（はんにゃ）（**波羅蜜**）…いっさいが空であることを見通し，智慧を完成させて迷いを離れること。

図 4-9　地蔵菩薩　菩薩の中でも地蔵菩薩が有名。釈尊入滅から弥勒菩薩が現れるまで衆生を救済する菩薩である。

出家者の中には，こうした菩薩道を修習する者も現れ，複数の菩薩の存在が定着するようになる。また，この世界はさまざまな次元が存在し，我々が暮らす娑婆（しゃば）世界以外の世界には，仏教の開祖であるブッダ以外にも無数のブッダ（仏）が偏在していると考えられるようになった。あまたの仏は浄土にいながら，人々を救うために手を差し伸べており，あまたの諸仏，諸菩薩への信仰によって信者は救われると考えられるようになった。

こうして，56 億 7000 万年後にこの世に現れて衆生を救うとされる弥勒（みろく）菩薩への信仰や，極楽浄土にいるとされる阿弥陀（あみだ）仏への信仰などが定着したとされる。阿弥陀仏は，西方の極楽世界に存在する仏である。仏のことは如来（にょらい）とも呼び，如来に準じる神的な存在として菩薩，明王，天などが存在する。

かつてブッダ１人を真に悟った者として信奉してきた仏教の中で，諸仏，諸菩薩への信仰が出てきたのは大きな変化であった。諸仏，諸菩薩の物語として大乗仏教では部派仏教で保持されていた経典だけでなく，独自の経典が生み出されることになる。総称として大乗経典と呼ばれる経典群には，大乗仏教の代表的な教理が説かれている。

大乗仏教の代表的な教理は，中観（ちゅうがん）学派と瑜伽行唯識（ゆがぎょうゆいしき）学派（がくは）によって確立したといえる。大乗仏教の哲学的な基礎として**空**の思想を説いたのが中観派である。

図 4-10　鎌倉大仏（毘盧舎那仏） 大乗仏教では，複数の仏（如来）や菩薩を祀る。例えば鎌倉の大仏は阿弥陀如来である。

中観派の祖とされるのがナーガールジュナ（龍樹）（150-250 年頃）である。ナーガールジュナは，一説に南インドのバラモンの家系に生まれ，インド各地を遍歴した人物として知られる。伝説的な逸話も多く，チベット仏教でも篤く信仰される人物である。

彼は，説一切有部が説いた一切のものには実体的なものがあるという実有論を批判し，現象界のすべての存在は，互いに依拠しながら存在するので本質的には空（＝無自性）の状態であると説いた。開祖のブッダの頃に説かれた縁起説を深化，発展させたものでもある。彼の思想は，空の思想を強調する『般若経』という経典を根拠として，その解説書である『中論』等を通じて弟子らによって普及した。

中観派による空の理論化が進んだのに対し，この世の成り立ちを個々人の内面から検討したのが唯識思想である。唯識思想とは，世界の全ての事物の実在性を否定し，世界の諸現象は根源的な唯一の実在である心から生じる表象にすぎないとする考え方である。人間の意識のあり方について分析し，外の世界の存在は，人間の心の意識作用（識）によって空であるもの＝仮の姿であると捉える。その点では，空の思想を前提としながら，ある程度の心の実在性（唯識

図4-11　砂マンダラの作成風景　大乗仏教の宇宙観・世界観はマンダラとして描かれる。修行の一環としてチベットでは砂マンダラなどが作成されている。

思想ではこれを阿頼耶識（あらやしき）という識）というものを想定したのが唯識思想の特徴である。

瑜伽行唯識学派は，理論としては唯識思想を保持し，解脱への道として瑜伽（ヨーガ）の修行を重視した学派である。ヨーガの実修をすることで自己の無意識層に到達し，心の内面を見極めて悟りの境地に至ると考えた。伝説的なマイトレーヤ（弥勒）を祖とし，アサンガ（無着）とヴァスバンドゥ（世親）の兄弟によって教理が確立したとされる。特に，ヴァスバンドゥは兄アサンガの勧めによって大乗の思想に親しみ，瑜伽行唯識学派の一大学匠として知られる人物である。代表的な論書である『大乗荘厳経論』では，幻術の喩えなどで唯識思想を解説している。

唯識に属する新たな経典も作られた他，後代になると如来蔵思想等も流行した。如来蔵とは，衆生誰もが如来（仏）となる可能性を持つという思想である。こうした大乗仏教の思想とそれに属する各学派の隆盛によって，呪術的な言葉であるダーラニー（陀羅尼）を用いる密教が起こることになる。

密教ではヒンドゥー教のバクティ（信愛）にも似た独自の宗教儀礼や修行方法が重要視された。そのためマントラ（＝真言）やタントラといった密教的儀礼書が作成された。大日如来などを中心として神仏が存在する密教の世界観を表した曼荼羅なども作成される。こうして学究よりも宗教的儀礼や信仰心の表現といったことが仏教でも重要視されるようになった。明王や天といった神格も密教の興隆とともに複数の存在が確認される。明王とは，如来の変化身として知られる神格のことである。一般民衆を教化するために存在するため，不動明王などは忿怒の相で描かれることが多い。

天とは，仏教の守護神のことでヒンドゥー教の神々を由来とする存在が多い。天部の神々として，東西南北の方角を司る四天王やブッダに布教を請願した梵天（ブラフマーが由来），韋駄天（インドラが由来）などが挙げられる。7世紀にはインドの諸地域に広まった他，アジア各地にも伝わり，チベットや中国，日本などの仏教に大きな影響を与えた。

チベット仏教

チベット仏教は，日本仏教とも共通する大乗仏教の教えが多く含まれている。チベットに仏教が伝わったのは，7世紀にあった吐蕃王国のソンツェン・ガンポ王（581–650頃）の時代である。チベットには，仏教以前から土着のボン（ポン）教という宗教があり，外来の宗教である仏教と混淆し，独自のチベット仏教を形成した。

ソンツェン・ガンポ王は，唐から文成公主を，ネパールからティツン妃を娶り，中国とインドの文化を吐蕃王国に導入した。2人の妃は熱心な仏教徒であったとされ，ラサのトゥルナン寺には文成公主請来の釈迦像が収められている。当時唐から入ってきた中国仏教とインドから入ってきたインド仏教が混在していたため，ティソン・デツェン王（742–798頃）の時代に，中国から禅僧の摩訶衍（生没年不詳）を，インドからシャーンタラクシタ（？–787）の弟子であるカマラシーラ（740–795）を招聘し，正統派を決める議論をさせた（＝サムウェーの宗論）。宗論の結果，インドの仏教が正統とされたため，以後チベットではインドの大乗仏教経典がサンスクリット語からチベット語へと翻訳された。

翻訳された経典群は，チベット大蔵経としてまとめられている。インドでの仏教の伝統が絶えてしまった今日，チベット語訳の経典等はインド大乗仏教の系譜を遡る上で貴重な資料である。大蔵経は大きく二つの部類に分かれている。

図 4-12　マニ車　チベット仏教はボン教との混淆がみられる。マニ車と呼ばれる道具を回すことで，経典を読むのと同様に功徳を積むことができると考えるといった独自色が強い。

チベットでは，経典（経）と戒律（律）が収められたカンギュル（仏説部）と論書（論）を収めたテンギュル（論疏部）である。カンギュルの中には『法華経』や『維摩経』といった日本の仏教でも広く使われる経典が含まれている。

こうした経・律・論を基盤としながら，チベットでは密教的要素が積極的に受容された。特に密教経典の中でも無上瑜伽タントラが重視された。無上瑜伽タントラでは以下４つのタントラを重視する。

1. 単純な儀式や作法の所作タントラ
2. マンダラを用いた瞑想の方法の行タントラ
3. マンダラの仏と行者が一体となる瞑想修行である瑜伽タントラ
4. 欲望を肯定し，仏身を体現する最高位の技法である無上瑜伽タントラ

１から４までを段階的に上がって究極の境地に至ることが目指された。こうしてチベット仏教が体系化していったが，一時国内の混乱などにより風紀が乱された。この状況を憂慮して 11 世紀頃に仏教復興運動が起こった。その中で，チベット仏教の四大宗派が確立することになる。現在，このうちでもっとも大規模な宗派が**ダライ・ラマ**を宗教指導者として擁するゲルク派（黄帽派）であ

図4–13　ダライ・ラマ14世　現在は政治的指導者としての地位は退いているが，精力的に講演や平和に向けての活動をしている。

る。学僧ツォンカパが開いたとされるゲルク派は，戒律を厳格に守ることを重視する宗派で，学問を修めた者のみが密教修行に入ることを許可している。

チベット語で僧院はボンパ，僧侶はタパ，尼僧はアニと呼ばれている。ゲルク派の場合，僧尼は出身地別の学寮に入り，読み書きの基本を学びつつ掃除や食事など僧院の生活を支える。チベット仏教の宗派の中でも，ゲルク派の教義は論理的な要素が強く，僧侶は問答形式の訓練を通して，空の思想といった大乗仏教の基本概念や基礎的命題を学ぶ。教師から学問の訓練を受け，すべての教育課程を学び，最終的な問答の試験に合格した学僧にはゲシェーと呼ばれる学位が授けられる。

チベット仏教では高僧であるラマ（活仏）は次の世に生まれ変わると信じられている。高僧の死後に次代のラマが選ばれる。選定方法は，死後のお告げや故人の言葉，占い等を頼りに幼児を探し出し，高僧の地位を継承させて英才教育を行う。最終的に故人の遺品を識別させることで次代のラマが選ばれる（こうした転生するラマのことを化身(けしん)ラマもしくは転生(てんしょう)ラマと呼ぶ）。こうした転生活仏制度は，宗派や僧院のシステムを維持するために生まれた制度である。

13世紀にこの制度を最初に導入したのはカルマ・カギュ派である。その後にゲルク派もこの制度を導入した。最高指導者の地位にあたるダライ・ラマやその補佐を務めるパンチェン・ラマの転生活仏制度は定着している。

現在，チベット仏教圏は中国のチベット自治区，モンゴル，ブータンやインドのシッキムなどのヒマラヤ地域などに広がっている。チベット高原やモンゴル高原の大部分は中華人民共和国の一部となっているため，多くのチベット仏教徒が中国内に居住していることになる。

中国では文化大革命などによって多くの仏教寺院が破壊されるなど宗教的活動は制限されてきた歴史がある。現ダライ・ラマ14世は1959年にインドへの亡命を余儀なくされ，チベット亡命政府を樹立することにもなった。文化大革命の後，共産党は宗教政策の転換を行い，チベット仏教寺院の再建を支援し，宗教活動の再開を許可した。ただし，多くの僧院では高僧や指導僧が不在であり，高度な学問と修行の維持が危ぶまれている。自治区として一定の自治が与えられているとはいえ，自治区内にも多くの漢民族が居住する昨今，チベット仏教の伝統の維持は困難な事態にある。

第4節　仏教の経典について

仏教の聖典（仏教経典，仏典）は，その内容から経・律・論に分類され，それぞれまとまったものを経蔵・律蔵・論蔵と呼び，仏教教団によって保持されている。三蔵のうち，経蔵とは仏教の開祖であるブッダの教説をまとめたものであり，古くは十大弟子の1人アーナンダによって直接聞かれたアーガマ（阿含）が初期の頃のものとして存在している。

アーガマ等は当初パーリ語によって編纂されたが，伝播した地域で翻訳されたため，さまざまな言語で残存している。仏教では各地の言語による布教が許されたため，いずれの言語に翻訳された仏典も正式な経典に該当し，各地の信仰を支えるものである。ただし，各地での翻訳事情は異なり，比較的逐語的に翻訳された上座仏教系のアーガマもあれば，中国などで翻訳された新しい解釈を含意したアーガマ類もある。

アーガマは主に，長部，中部，相応部，増支部，小部の五つに分けられている。長部や中部は規模が大きいが，各部の中に含まれる教義は重複する部分や見解の相違もあって，理路整然とまとめられたものではない。現在確認できる

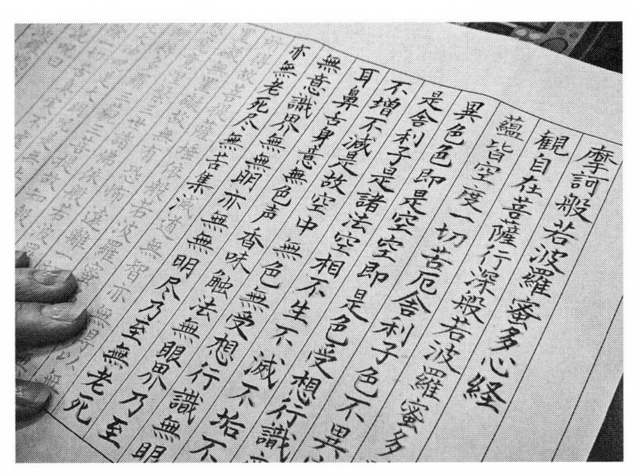

図 4-14　般若心経　写経も修行の一環である。般若心経とは，般若経の中でもその核心部分を短くまとめたものである。

アーガマには，時代を経るごとに増補，改定された形跡がある。

大乗仏教が登場してからは，複数の諸仏，諸菩薩による教説がまとめられた大乗経典が編纂された。大乗経典はアーガマ以上に複数編纂されている。例えば『**般若経**』は，主に大乗仏教の重要な考え方である空の思想についてまとめたものである。般若経と名のつく経典は，般若波羅蜜を説く大乗経典群の総称で数多く存在する。『般若心経』も般若経系の経典の一つであり，その真髄部分は「色即是空」といった言葉で要約されて表現されている。

般若波羅蜜とは，すでに述べた大乗仏教における重要な修行徳目である6つの波羅蜜（修行徳目）の一つである。般若とは智慧のことを指し，それ以前の5つの波羅蜜を成し遂げることによって智慧の完成に到達した状態を意味している。

『般若経』同様，大乗仏教興隆初期に作られた代表的な経典に『法華経』がある。『法華経』には，誰もが平等に成仏できるという平等思想や久遠実成（くおんじつじょう）について説かれている。久遠実成とは，釈迦仏が今生で初めて悟りを得たのではなく，久遠の五百塵点劫の長き過去世において，既に成仏していた存在であるという考え方である。聖徳太子も『法華経義疏』をまとめて仏教思想の理解に努めたとされ，日本でも古来より参照されている経典である。

この他にも，ブッダの入滅を描く『涅槃経』，盧舎那仏が悟りを得た道を説く『華厳経』や阿弥陀仏の本願と仏がいる仏国土（極楽）について言及した『浄土経』の類が存在する。数ある宗教の中でも豊富な経典群を擁するのが仏教の特徴である。

律蔵は，基本的に仏教教団内部の規律をまとめたものなので，所属する教団ごとに存在する。およそ仏教が伝播した地域によって分類されており，南伝の上座仏教全般には，『パーリ律』が適用されている。北伝の中国に主に伝わったものとしては法蔵部に属する『四分律』，化地部に属する『五分律』，説一切有部に属する『根本説一切有部律』等が代表的なものとして知られる。律蔵の内容は，出家者の各禁止事項等にあたる経分別と僧団の運営規則にあたる犍度（けんど）とで構成されている。

経分別は，基本的に出家修行者である比丘・比丘尼が守るべき戒律として具足戒と波羅提木叉（はらだいもくしゃ）を含む。具足戒とは，出家者が出家集団に属する際に受け取る戒律のことである。波羅提木叉とは，僧団の一員として遵守すべき戒律のことである。主に**波羅夷**，**僧残**，**不定**，**捨堕**，**波逸提**，**提舎尼**（悔過（けか）），**衆学**，**滅諍**の8種類がある。

波羅夷（はらい）は，もっとも重い罪にあたる。比丘は波羅夷が4条，比丘尼は波羅夷が8条である。比丘の4つの波羅夷は，人を殺すこと，盗みをはたらくこと，淫事を犯すこと，嘘をつくこと（特に自分が悟っていないにも関わらず悟ったと嘘をつくこと）である。比丘尼は，上記4条に加えて，男性を誘惑するといった淫事に対して4条の波羅夷が追加されている。波羅夷を犯すと，僧団追放となる。

僧残（そうざん）は，波羅夷に次ぐ重罪で，僧団に残れるが一定期間資格を剝奪される罪である。他の出家者の悪口を言うことや戒律を破ったことを咎められた時に反発するといったことが該当する。資格を剝奪されている間は，他の出家者たちとの交流が禁じられる。

不定（ふじょう）は，比丘のみを対象とする2条の戒律である。女性と人目のつかないところで二人きりとなるといった内容で，処罰については証言者の証言を考慮した後に波羅夷，僧残，波逸提のいずれかに処される。

図 4-15　インドのアジャンターの石窟寺院内部　仏教徒など修行者は，基本的に人里離れたところで共同生活をしていた。ただし，都市との距離感はつかずはなれずといったところである。

捨堕は，禁止物の所持，もしくは禁止方法での物品の獲得の際に適用される罪である。仏や菩薩，師匠の前で罪を悔い改めること（懺悔）で許される。師匠以外にも僧侶同士で罪を告白し合う自恣という方法もある。

波逸提は，捨堕で提示された所有物関連以外の，食事の時間など諸々の禁戒の総称である。捨堕同様，懺悔によって許される罪である。提舎尼（悔過）は，食事などに関する軽微な禁戒の一種である。男女のやりとりに関わることについては，事前に告知することで許可されることもある。

衆学は，行儀作法に関する軽微な禁戒の総称である。衆学の罪に際しては，基本的に心の中で反省をすることで許される。滅諍は，罪の種類ではなく，僧団内の諍いの調停方法に関する取り決めの総称である。

仏教教団内部では，さまざまな諍いや上記のような罪が侵された場合，必要に応じて羯磨と呼ばれる裁判が開催されて，罪状などが決定された。重要な議題については複数回会議を開催し，証言の収集や調査などが行われた。罪状の確定には参加者からの賛同が不可欠であり，こうした処遇の決定方法は上座仏教，大乗仏教関係なく，現在の仏教教団に受け継がれている。

犍度は遵守すべき戒律とは異なり，僧団運営の細則に該当する。僧団内の作法や規則，その由来などが記されている。具体的には，具足戒制定の経緯や布薩（ふさつ）や雨安居（うあんご）について記されている。布薩とは，僧団に属する出家者たちが月に2回，新月の日と満月の日に集まって上記の波羅提木叉等に抵触する行為の有無を確認，反省する機会である。布薩には，原則全員が出席しなければならず，無断欠席は許されない。雨安居とは，日頃遊行をしている出家者たちが，雨季の期間に一定の場所に滞在し修行する機会を指す。雨季は，移動に適さず，多くの動植物が活動する期間であるため，無用な殺生を防ぐために設けられたとされる。僧団内では，雨安居の回数によって教団内での年齢（法臘（ほうろう））が決まり，法臘が長いほど年長者として敬われた。この他，犍度には羯磨の開催規定や僧団内の重大事件についての記録も記されている。

第5節　仏教の教義について

仏教の基本的な教義は，すでにブッダ存命中に形成されたものが多い。主にこの世の真理を説明するために苦しみについての記述が多いのが仏教の教義の特徴である。苦しみから逃れるためには，苦しみの原因を正しく理解することが必要とされている。苦しみの原因としては**煩悩**が挙げられ，煩悩が消えた状態が涅槃の境地とされる。煩悩には種類があり，例えば貪（とん）（貪欲），瞋（じん）（瞋恚），癡（ち）（愚癡）に分けられる。これらの煩悩がある限り，輪廻を繰り返すばかりで生の苦しみから逃れることはできないとする。3つの煩悩を合わせて三毒とも呼ぶ。この煩悩の克服のために修行が必要とされるが，開祖ブッダの経験から，快楽と苦行の極端を避ける中庸（＝中道）の修行方法が重要であると説かれている。

苦しみには種類があるとされ，ブッダが四門出遊で目の当たりにした四苦が基本的な苦しみとされている。**四苦**とは，人間が避けて通れない生老病死の4つを指す。さらに，四苦に加えて以下の4つの苦しみがあるとする。

- **怨憎会苦**（おんぞうえく）…憎いものと出会う苦しみ
- **愛別離苦**（あいべつりく）…愛するものと離別する苦しみ
- **求不得苦**（ぐふとっく）…求めるものが得られない苦しみ

- **五蘊盛苦**（ごうんじょうく）…五蘊から構成される心身の苦しみ

これら四苦八苦は，自己や自己の所有物に対する執着（我執（がしゅう））から生まれる苦しみで，苦悩や迷いの根源であるとされる。また，五蘊盛苦の五蘊とは，仏教におけるすべてこの世に存在するものを構成する以下の5つの要素を指す。

- **色**（しき）…物質や身体
- **受**…外界の物を感受する作用
- **想**…物事を思い描く表象作用
- **行**…物事をかたち作る形成作用
- **識**…物事を対象として認識する作用

煩悩を滅するためには，人間存在が五蘊で構成されるものにすぎないこと等の正しい知識を理解することが必要とされる。しかし，煩悩によって苦しみの存在を理解することは難しいため，仏教では苦しみについての考察を通してこの世の真理が詳細に解説されている。

例えば，**四諦**（したい）とは，4つの真理を指す言葉である。人は苦しみの中にあること（苦諦）を知るべきだとする。その苦の原因は人のもつ欲望（渇愛（かつあい））であること（集諦）を正しく認識するべきとする。その欲望を滅ぼせば苦はなくなること（滅諦）となり，その境地に到達するためには正しい実践を行うべきであること（道諦）を説く。

また，仏教における真理を端的に説明したものとして**三法印**（もしくは**四法印**）がある。三法印とは，開祖ブッダが悟ったとされる悟りを目指す者が理解すべき普遍的真理を指し示す文言である。以下の4つのうち，一切皆苦や涅槃寂静などが一つ省略されて3つを数えることが多い。

- **諸行無常**…すべてのものが常に存在することはなく，変化しとどまることがないこと。この世のすべての存在は，絶対的なものに起因して存在するのではなく，諸々の因縁（原因や諸条件）により生成・消滅するので絶えず変化する流れの中にあるとする（このようなすべての存在は相対的に存在するという考え方や仕組みを縁起と呼ぶ)。

- **諸法無我**…すべてのものは普遍的で絶対的な我（＝アートマン）を持つものではないこと。ここでの法とはものやコトを指し，我というのは本質的な実体という意味合いで理解される。
- **一切皆苦**…この世のすべては苦しみに他ならず，思うにならないものであること。
- **涅槃寂静**…この世の苦しみを理解すれば煩悩を離れ，苦を滅した自由で安らかな境地に至れるということ。いわゆる悟りの境地を指す。

これら三法印という真理に到達すべく修行をすることが仏教の根本にある。四諦や三法印で示される真理を知り，解脱に至るための具体的な修行方法として**八正道**があげられる。八正道は，煩悩をたちきり涅槃に至るための具体的な以下の８つの規範である。

- **正見**…正しい見解。現実の状況を正しく認識すること。
- **正思**…正しい思惟。正しく思考を働かせること。
- **正語**…正しい表現や言葉を使うこと。嘘や悪口を言わないこと。
- **正業**…正しい行為。道徳的に望ましい行動をすること。
- **正命**…正しい生活を行うこと。
- **正精進**…正しい努力を行うこと。
- **正念**…正しい見解を常に念じて記憶し，心に留めて失わないこと。
- **正定**…正しい瞑想（禅定）を行い，心を正しく集中・統一すること。

八正道の実践は中庸の修行方法として広く仏教の出家者に受け入れられることとなった。時代を経ると，煩悩から離れるために，八正道だけでなく，布施を行うこと等が重視されるようになる。出家・在家を問わず布施は重要とされ，財産などがなくてもできる無財の七施といった布施行も確立した。

無財の七施とは，眼施（優しい目つきでいること），和顔施（微笑みを絶やさずにいること），愛語施（優しい言葉を使うこと），身施（自分の体を使って奉仕すること），心施（弱者などに心を寄せること），壮座施（他者に座所を譲ること），房舎施（他者に雨風を凌ぐ場所を提供すること）である。

第6節　仏教の宗教儀礼について

すでに述べてきた通り，仏教では基本的に出家者が厳しい修行や戒律を守るのに対し，一般信徒は五戒の遵守，熱心に仏・法・僧の三宝に帰依すること等が望ましいとされる。僧団への寄付や僧侶の身の回りの世話といった布施行も推奨されており，一般信徒の家庭では，仏壇に祈りを捧げたり，必要に応じて仏教式の冠婚葬祭を行うのが一般的である。

例えば，結婚式は，いわゆる仏や先祖等の前で結婚報告をし，新郎新婦が出会った縁に感謝する仏教式の婚礼儀礼にあたる。二人の結婚は前世からの因縁として捉えるのが一般的である。仏教式の葬儀は日本でも一般的であり，葬儀中には僧侶による読経とそれに対する布施，参列者による焼香，数珠の使用，故人に戒名を付ける，故人の成仏を祈ることなどが行われる。

日本では，仏教行事によって祝日になることは少ないが，篤信な信者が多い国では仏教関連の祝祭日が制定されている。基本的に，仏教の開祖であるブッダの事跡を祝うものが多い。日本でも，ブッダが亡くなったことを記念する涅槃会や釈尊が誕生した4月8日を祝う灌仏会（花祭り）などが有名である。

この他，ブッダが悟りを得たことを記念する成道会，先祖供養としての彼岸会（施餓鬼会なども含む），盂蘭盆会がある。盂蘭盆会はウランバーナという言葉を語源とし，ブッダの教えにしたがって十大弟子の一人である目連が，死んで餓鬼道に落ちた母親を，僧侶たちに食物などの布施を行い供養することで救うことができたという言い伝えに基づくものである。餓鬼道や地獄に落ちて苦しんでいる霊を救うために供養を営むことが本来の目的であり，日本のお盆はそれに先祖の霊が帰ってくるという慣習が結びついたものである。

第5章　ヒンドゥー教の基礎知識

第1節　ヒンドゥー教の概要について

ヒンドゥー教は，インドの総人口のおよそ8割が信仰する宗教である。キリスト教，イスラム教に次いで宗教人口世界第3位の宗教であるが，インドに暮らす人々によって形成された宗教という意味では，ユダヤ教同様，特定の民族によって成立した民族宗教にあたる。

ユダヤ，キリスト，イスラム教の一神教に対し，複数の神々を崇拝する多神教の宗教とされる。日本の八百万の神々と対比されることが多く，自然物の中や自然そのものに神的存在をみる。やがて宗教的な儀礼に用いる供儀や道具といった人工物に対しても神性を見出し，その結果数多くの神々を祀るのがヒンドゥー教の一大特徴である。

ヒンドゥー（Hindu）という言葉は，元来古代ペルシア語でインダス川を意味していた。16世紀になると，その言葉がムガル帝国のムスリムたちによって「インダス川以東に住む人々」という意味で使用されるようになる。19世紀に大英帝国の支配下となった際，植民地政府は南アジアの人口を宗教に基づいて分類し，イスラム教やキリスト教等の外来宗教に属さない人々を指す言葉としてヒンドゥーという言葉を用いた。それゆえ，ヒンドゥー教という言葉自体には，インド亜大陸の土着の宗教といった程度の意味合いしかない。

基本的にヒンドゥー教は古来アーリア人が形作った**バラモン教**を前身とし，**ヴィシュヌ**や**シヴァ**といった神々を最高神として崇める。日本では弁財天として知られるサラスヴァティーやガンジス川を司るガンガーなど，女神も数多く崇拝対象となっている。ヴィシュヌを信仰する集団はヴィシュヌ派，シヴァを信仰する集団はシヴァ派などと分かれている。

ガンジス川を聖なる川として，一生に一度ガンジス川で沐浴することで犯した罪などが洗い流されると考えられている。それゆえ，ベナレスをはじめ，ガンジス川周辺にヒンドゥー教の聖地が点在している。

ヒンドゥー教はバラモン教を前身として民間信仰などが融合してできた宗教である。それゆえ直接的な聖典や開祖は存在しない。バラモン教における神々への讃歌等をまとめたヴェーダやインドの神々が活躍する『**マハーバーラタ**』『**ラーマーヤナ**』といった二大叙事詩，『マハーバーラタ』の中で王子アルジュナにヴィシュヌ神の化身であるクリシュナがクシャトリヤ（王族・貴族階級）の責務などを説く部分の『バガヴァット・ギーター』などが聖典の類に該当する。

教義としては，輪廻転生や**業**（前世の行い）の概念を認め，解脱が目指されるべきという考えが前提にある。輪廻転生とは，人間は一生ではなく，死後再び生まれ変わり，基本的に永遠に生まれ変わり続けるとする考え方である。古代インドでは，ヴァイジャリ王の五火二道説という考え方がある。人は火葬された後に天に昇ってから雨となって再び地面に落ち，植物となって人間の体内に入った後，精子となって再び人として生まれ変わるとする。人間が死後たどる状態を5つの火とみて，多くの人間は祖先がたどるように輪廻の循環を繰り返すとする。

この永遠に続く輪廻転生から離れるためには，神々（もしくはその総体である宇宙の根源である**ブラフマン**）と合一する解脱を目指すこととなる。解脱を目指す方法としてさまざまな修行が生まれ，苦行や瞑想などの修行方法が発展した。

聖職者に該当する存在として，宗教的な儀礼を司る**バラモン**がいる。バラモンは基本的に世襲制であり，生まれながらに定められた職業である。基本的にヒンドゥー教寺院の管理や宗教教育などに従事する。聖職者とは異なり，解脱を目指して世俗を離れた出家者はサドゥと呼ばれる。人里離れた森林などで修行をし，有名なサドゥは聖人として崇拝対象となっている。

ヒンドゥー教では偶像崇拝が禁止されていないため，ヒンドゥー教寺院内外にはさまざまな神像がみてとれる。家庭の祭壇にも小さな神像や神々の図像が飾られている。こうした神像や宗教画は色鮮やかに彩色されていることがあり，祭壇には花や食物が供されている様子が確認できる。

必ず行わなければいけない義務ではないが，敬虔なヒンドゥー教徒は寺院や家庭の祭壇に向かって熱心に祈りを捧げる。特定の願い事がある場合には，バラモンを仲介とし，盛大な儀礼を執り行うこともある。修行者であれ世俗の人間であれ，瞑想などを行い心身のバランスを整えるとともに，神々との合一の時間を持つ人は多い。

崇拝対象である神々を祀る**ホーリー祭**や**ディワーリー祭**などの年中行事も盛んである。ヒンドゥー教の信徒はほぼインドに居住しているが，インド人が海外に移住・定住した地域では，伝統的な祭式が行われている。インドネシアのバリ島や近年は欧米でもヒンドゥー教寺院が設立されてインド人コミュニティによる祭礼が実施されている。

第2節　ヒンドゥー教の教義について

ヒンドゥー教の根幹にあるのは，前身であるバラモン教によって築かれた神々を想定する宇宙観や輪廻転生や解脱といった死生観，そして現実の生活を規定する司祭階級のバラモンを筆頭とする**カースト制度**の仕組みである。

まず，ヒンドゥー教はかつてアーリア人が信奉したバラモン教を土台とする宗教である。バラモンとは，神々と人々の仲介役として宗教儀礼を司る司祭階級にあたる。多神教の世界観を有するバラモン教では，当初神々に序列は存在せず，宗教的儀礼の内容（戦勝祈願や子孫繁栄等さまざまな祈禱内容が行われ，それぞれ儀礼の内容が異なっていた）によって祀る神々が異なっていた。その時々の儀礼内容によって祀る神やその重要性が異なっていたとされる。こうした考え方のことを**交替神教**（**カト・ヘノ・セイズム**）と呼ぶ。

また，ヒンドゥー教では，神々にはそれぞれの活動領域や役割分担があるため，唯一絶対の神は存在しない。同様に神々は自らの活動領域内においては大いに力を発揮するが，他の神格の活動領域を犯すことは許されない。こうした考え方は人間社会で形成されたカースト制度と重なり合う部分である。

もともとヒンドゥーの地にはインダス文明の頃より，土着の精霊信仰などが

図 5-1 モヘンジョ・ダロ遺跡 インダス文明の頃から宗教的な要素は存在していた。モヘンジョ・ダロ等の古代遺跡から埋葬の習慣も確認されている。

あったとされる。地母神等を表したと目されるテラコッタ製の彫像も発見されている。

やがて紀元前1000年前後にヒンドゥーの地にアーリア人が侵入してくることとなる。アーリア人の定住生活が始まると，支配者層のアーリア人と土着の被支配者層であるドラヴィダ人の社会的分断を織り込んだ社会が形成されるようになった。

支配者層であるアーリア人中心の社会が成熟するにつれ，彼らの社会において職業分化やそれぞれの役割分担，倫理規範などが整備されていく。

同時にアーリア人の社会では司祭階級（バラモン）を中心とする祭祀とバラモンの扶養を含めそれらを維持する義務を負う王族・貴族階級（**クシャトリヤ**）などの役割分担や社会秩序が整備されるようになる。その中で形成されたのがカースト制度という身分や職業を基準とした社会制度である。

もともと「カースト」という言葉は，ポルトガル語で身分を指すカスタという言葉からきている。現地では各階級のことを**ヴァルナ**と呼ぶ。ヴァルナとはもともと色を意味する言葉で，アーリア人と土着のドラヴィダの人の肌の色の違いに由来する。それゆえカースト制度のことはヴァルナ制と呼ばれることも

図5-2　マハトマ・ガンジー　インド紙幣の顔にもなっている，インド建国の父。彼はカースト制度については保守的な姿勢を見せ，カーストの存在自体を否定したわけではないとされる。

ある。

各ヴァルナは，支配層である司祭階級のバラモン，王族・貴族階級のクシャトリヤ，商人などの都市住民の**ヴァイシャ**と非支配層の**シュードラ**が基本であった。バラモンを頂点とするイメージが強いが，バラモン，クシャトリヤ，ヴァイシャの3ヴァルナは職業分化の結果，生まれたものである。

やがて，社会の成熟とともに4つのヴァルナ以外に動物を殺めることや血に触れる仕事といった不浄な仕事を受け持つ**不可触民**階級が確立した（ダリット，アチュートなどの呼び名がある。インド建国の父であるガンジーは彼らのことをハリジャン（神の子）と呼んだことでも知られる）。

不可触民（英語でアンタッチャブル）はカーストの最下層階級であり，かつて各ヴァルナの中で罪を犯した者等が含まれていた。つまり各階級の中でルールを遵守できなかった，社会の成員としての資格を剥奪された人々の集団である。いわゆるアウトオブカースト，カースト外の存在とされた人々である。彼らは都市に住むことが許されず，他のカーストが就かない職業に就くことが強制された。不浄な仕事として主に精肉業や葬儀場の清掃などを生業とする。長らくインド社会で差別の対象となっている。

また，各ヴァルナの中には2000とも3000とも言われる**ジャーティ**と呼ばれる職業区分が存在する。ジャーティは生まれという意味で，職業集団として協同組合のような性格を有している。現在では，特定のヴァルナ，ジャーティへの帰属意識は希薄化しているものの，いまだに十分な職業選択の自由の機会が与えられない人々がいるのも現実である。

ただし，アーリア人が定住したインド北東部の方がヒンドゥーの伝統的な慣習が強く，身分・職業の固定化が激しいこともある。古く地方の村落などでは分業体制（ジャジマーニー制度）がとられており，職業の流動性が全くなかったというわけではないことも知られる。例えば靴職人が需要と供給に合わせて鍛冶屋になるといったこともあったようである。

現代は，カースト制度で想定されていない新たな職業（エンジニアなど）が増加しており，職業選択の自由度も高まっている。大学進学率も上昇しているが，カースト制度に限らず少数民族出身のマイノリティに属する学生らが，地縁がなく就業の機会が得られないといった問題も生じている。

中央政府は格差是正のため，いくつかの特別優遇政策を打ち出している。いわゆるアファーマティブアクションなどが実施されており，大学入学の特別枠や公務員などの採用枠などが用意されている。こうした格差是正策は，行政上の区分として特別枠に該当する指定カースト（Sheduled Caste，通称SC）に適応されている。しかし，こうした政策によってSCにとどまることを望む層が出てきたり，逆差別を生むことにつながるなど新たな問題を引き起こしている側面もある。地域によって各階級や職業区分の上下関係が異なるため，その対応には苦慮するところでもある。

ヴァルナやジャーティ以外に，**ゴートラ**という区分もある。ゴートラは「牛の囲い」（＝共通の祖先から出た子孫）を意味するいわゆる姓を表す言葉であり，同姓での結婚を避けることが推奨されている。これをゴートラ外婚の慣行と呼ぶ。希薄化しているとはいえ，結婚は人生における重要な節目であり，いまだヴァルナやジャーティ等を意識する人は多い。最近はインド人の海外進出に伴

図5-3　インド舞踊　インドが抱える格差問題は複雑化している。また，舞踏家や絵師など各地の伝統文化の担い手の保護などもインド政府の課題である。

い，さまざまなサマージ（協会）によって結婚の相談や斡旋などが行われていたりもする。

現在，カースト制度についてはインド共和国憲法によってその差別が原則禁止とされている（日本国憲法において，その門地を問わないという規定があるのと同様である）。ただしインド憲法第17条に不可触民制の廃止が記されているが，カースト制度そのものの廃止などが謳われているわけではない。第29条でもマイノリティの利益保護が謳われており，教育を受ける権利などが示されているが，識字率の点などでまだまだ十分とはいえない現状がある。公教育の普及により差別や経済的格差の是正が目指されるものの，インド社会に深く根付いた社会構造であり，その状況は年々複雑化している。

また，アーリア人の社会が成熟していくと，現世での利益を求める祭式だけでなく，死後の世界や神と人間の関係性を考察する世界観が生まれるようになった。具体的には宇宙や世界の創生神話が物語られるようになり，この世界が創造神である**ブラフマー**によって形成され，その後ヴィシュヌによって維持されて，この世の終わりを迎えるとシヴァによって破壊されるという世界創造神話が確立することになる。こうした世界観の構築がバラモン教からヒンドゥー教へと変遷した一つの契機と考えられている。

すでに述べたとおり，ヒンドゥー教では死後，輪廻し，次の世に生まれ変わるわけだが，主体となる霊魂（**アートマン**）は，業（生前の行い）の結果によって，生まれ変わる先が決まるとされた。通常は祖先が辿った道と同じ祖道を経て生まれ変わる。しかし，本来霊魂は神々と同一視される宇宙の根源であるブラフマンと同一（宇宙の根源から神々や人間は生まれ出ている）であるから，ブラフマンや神々の元へ戻る神道もあるとする。ブラフマンに通ずる道に進むためには，この世間から完全に離れる解脱の境地に至らなければならないと考えられている。

そのため解脱に至るまでの方法が模索され，この世で善行を積むことや正しい知識を身につけることが重要視されるようになる。正しい知識の習得や善行を何ととらえるかはさまざまだが，この世界への哲学的な探究や断食や瞑想といった各種の修行などが生まれた。当初は苦行が励行されていたが，その度合いは各個人によるところが大きいようである。いずれにせよ，知識の習得と善行の重視によって祭式の重要性は相対的に低下し，バラモン教の聖典である各種ヴェーダや祭式の権威自体を否定する新たな思想や宗教も登場してくることとなる。

ちなみに輪廻転生の考え方の中で，次の世として天，阿修羅，人間，畜生，餓鬼，地獄の６つの道があるとし，悪行ゆえに地獄に落ちるといった六道輪廻の世界が想定されるのは，日本仏教における後世の発展を遂げた輪廻転生の考え方である。

解脱への道として正しい知識の習得が掲げられるようになると，正しい知識とは何かという探究が始まり，やがて**六派哲学**と呼ばれる学派を形成することになる。六派哲学とは，**サーンキヤ学派**，**ヨーガ学派**，**ニヤーヤ学派**，**ヴァイシェーシカ学派**，**ヴェーダーンタ学派**，**ミーマンサー学派**の６つの哲学学派を指す。学派ごとに，輪廻転生や業の思想を認めた上で解脱を最終目的とし，そのための方策として哲学体系の構築や修行方法の確立を目指している。

サーンキヤ学派は，開祖をカピラとする哲学学派である。サーンキヤとは，世界の構成要素を数えあげてそれに対して考察を加えることに由来する名称である。サーンキヤ学派の宇宙観は徹底した二元論にある。世界の成り立ちを純粋精神であるプルシャと根本原質であるプラクリティの２つの作用によって形

図5-4　インドのサドゥ（ヒンドゥー教の修行者）　ヨガというと，奇抜なポーズを想像する人が多いが，呼吸法と集中が肝要である。心身を清めるアーサナといった準備段階を経て，サマーディ（三昧）という深い瞑想状態に入る。

成されると説明している。プルシャは純粋な知であり，常住不変で清浄な観照者である。見ていることしかできないプルシャに対し，プラクリティは活動性や生産性があり，プルシャに観照されることによって，二十五諦といった人間を構成する肉体や精神等を生み出すと考える。

ヨーガ学派は，このサーンキヤ学派の理論を前提とし，プルシャとプラクリティの根源でもあるブラフマンと人間存在（アートマン）との同一性に至るためのヨーガの実践方法などを確立した学派である。ヨーガといえば，さまざまなポーズをとることが知られるが，ヨーガの基本は準備段階と呼吸法などにある。ヨーガ学派では正しいヨーガの修行方法を聖典『ヨーガ・スートラ』の中で８つの修行階梯にまとめている。

ニヤーヤ学派は，正しい認識の追求のために論理学を発展させた学派である。学派同士や異教徒との議論の際，どういった条件下で敗北となるかを整備した学派として知られる。**ヴァイシェーシカ学派**は，現象界を６つの原理で形成されていると捉え，原理のカテゴリーを正しく理解することを重視した。原理の分類を徹底し，正しい知識として身につけることで解脱への道が開かれると考えた学派である。

ミーマーンサー学派は，宗教的儀礼の儀式の体系化につとめた学派である。ヴェーダに基づいた祭式を行うためにはそのダルマ（＝正しい教えの意）の維持と追求こそが最重要であるとした。儀礼作法等を含むダルマは宇宙全体を支配するものであるとし，同時に司祭階級であるバラモンを頂点とするカースト制度の正当性を強調した学派である。

ヴェーダーンタ学派のヴェーダーンタとは，ヴェーダの終結部を意味する。ヴェーダーンタ学派は，サーンキヤ学派の二元論に対し，より直接的にブラフマンとアートマンの合一の重要性と本来は同一のものであることを強調した。ブラフマンと同一であるアートマンの本質を追求し，アートマンは常住不変で無差別，不可分なものとした。この学派最大の思想家であるシャンカラは，本来同一のブラフマンとアートマンが別個であると誤って理解する無知なこと（無明）が輪廻転生の原因であるとした。その無明を取り除くこと，すなわち正しい知識を得ることにより解脱が達成されると定義づけた。こうして無明を取り除くための知識習得が重要であるとし，ヒンドゥー教の哲学的・理論的側面が大いに発展することとなる。

第3節　ヒンドゥー教の聖典について

ヒンドゥー教にとって特定の聖典は存在しないが，前身であるバラモン教の伝統を継承しており，バラモンが執り行う宗教儀礼や神々の系譜を記した**ヴェーダ**（知識の書）の類が聖典に近い存在と考えられる。最古の宗教書とされる『リグ・ヴェーダ』には，口頭伝承で伝わってきた祭祀の仕方や神々の名前，祭祀文などが示されている。原初の巨人であるプルシャの解体によって，各身分階級が生み出された創世神話も収録されている。プルシャの口からバラモン，腕からクシャトリヤ，腿からヴァイシャ，足からシュードラが生じたというカースト制度の根拠となる記載がある。ヴェーダは基本的に神々からの啓示であるため，聖仙（リシ）たちが霊感能力によって感得した天啓文学（シュルティ）と呼ばれる。

『リグ・ヴェーダ』のリグ（リチュ）という語は神々への讃歌を意味する。讃歌は戦勝祈願などの祈禱文等で構成されており，祭式の際にバラモンたちが詠唱する神々の名前や特徴などが含まれている。『リグ・ヴェーダ』の中には，すでに天神ディヤウス，太陽神スーリヤといった自然物の神格，暴風神ルドラや風神ヴァーユなどの自然現象の神格が登場する。もっとも数多く登場するのは雷を司る軍神インドラである。

インドラ以外の神で重要視されているのは，自然法則や道徳規則（リタ）を司る律法神ヴァルナ，供物を神々に届ける祭火を司る火の神アグニなどである。インドラとアグニは同一視されている箇所も散見される。インドラを讃えるために，馬を供儀として捧げるアシュヴァメーダと呼ばれる盛大な馬祀祭が行われていたことが知られる。

自然物や自然現象から生まれた神々以外にも，やがて宗教的な祭具や供物などにも神が宿ると考えられるようになった。祭式に用いる特別な酒に宿る酒神ソーマなどが代表例である。この他目に見えない信仰や祈禱に対しても祈禱主神ブリハスパティや信仰神シュラッダーといった神格が生み出される。当初，神々と人間の関係は，人間が祭式を行って供物を捧げるのに応じて，神々は人間の願望を叶えるという現世利益的な側面が強いものであった。

やがて人間に恩恵を与える神々をデーヴァと呼び，ヴァルナのような秩序を守るといった厳格な神々をアスラと区別するようになる。もともと悪しき意味合いが付随していたわけではないが，時代を経るとアスラは悪魔のような立ち位置として認識されるようになっていく。

『リグ・ヴェーダ』に続いて，神々への讃歌の旋律を主とする『サーマ・ヴェーダ』，祭式の細かな手順や家庭祭祀の手順を記す『ヤジュル・ヴェーダ』などが作成される。この3ヴェーダが成立した後，呪術のための讃歌を多く含む補足的な『アタルヴァ・ヴェーダ』が編纂された。各ヴェーダは，本編にあたる「サンヒター（本集）」を中心として，祭式の手順やその意味を記す「ブラーフマナ（祭儀書）」，祭式の説明に哲学的要素が含まれる「アーラニヤカ（森林書）」，哲学的考察が中心となっている「ウパニシャッド（奥義書）」の4つに編纂されて現代にまで伝わっている。

ヴェーダが成立した後に重要視されるのは，その解説書にあたる**ブラーフマナ**や**ウパニシャッド**である。ブラーフマナやウパニシャッドはヴェーダの注釈書としていずれかのヴェーダに対応している。

図5–5　ヒンドゥー教の女神ラクシュミー　ヒンドゥー教に限らず，祭礼は寺院などを中心に行う大きなものと，家庭の祭壇に向けて行う小さなものとがある。神々に供儀として食物や花を手向けるのが一般的である。

ブラーフマナは，祭式手順の詳細や由来，さらにその意義を記した文献類である。もともとブラーフマナは宇宙の根源であるブラフマンに属するものといった意味合いがある。そこから派生して司祭階級であるバラモンのことやヴェーダの解説書のことを指す。ヴェーダ同様に天啓文学の一種であるため，特定の著者は存在しない。ヴェーダの中で記載される火を用いるアグニホートラ（火供）等の儀礼作法に対する注釈として，供儀に捧げる家畜の飼育方法や供物となる穀物の栽培方法，祭式に参加する人間の生活規範にまで詳細な記載が並ぶ。その意味では当時のインド人の生活を知る資料でもある。

やがて紀元前6世紀頃になると，祭式万能主義に対して，祭式手順の精緻化や意義づけが進んだが，同時に祭式の形骸化を招いた。それゆえ，祭式の根拠を探り，死後の果報や救いについても哲学的考察が行われるようになった。祭式の執行者であるバラモンへの批判も生まれ，ウパニシャッドが成立することになる。

ウパニシャッドとは，そもそも（師の許しを得て弟子が）師の近くに座ることを意味する言葉である。ヒンドゥー教の修行者であるサドゥは，時に師匠に教えを乞い，時に少数の仲間とともに修行や情報共有をする。秘儀・奥義書といった意味から転じて世界の神秘を解き明かす哲学的な思索を指し示すように

図5-6　情報交換するサドゥたち　ヒンドゥー教の修行者サドゥは各地を遊行し，祭りなどを通して情報交換などをすることも。悟りを得た神的な聖仙（リシ）やサドゥの中でも弟子を抱える先生（グル）などもいる。また，現地には似非サドゥも多数存在する。

なった。ブラーフマナ同様ウパニシャッドはヴェーダに付随する解説書であるため，いずれかのヴェーダに帰属するものである。しかし天啓文学には該当せず，ウッダーラカ・アールニやヤージュニャヴァルキヤといった個人の哲学者が著作者であるのが特徴である。神々の存在に対してというよりも人間存在への関心が高まったため，人間とは何か，その本質にあたるアートマンとは何か，という問いに考察が加えられている。

哲学者ウッダーラカ・アールニは，その著書『チャーンドーキヤ・ウパニシャッド』にて宇宙の根源であるブラフマンと人間などの本質にあたるアートマンが同一であることを説いた人物である。彼の思想は有の哲学とも呼ばれ，現象世界の諸存在はすべて言葉で表されるものであるだけで，その本質は唯一の実体（有）であるとした。現象世界において有とはすなわちアートマンに他ならないとした。

これに対してヤージュニャヴァルキヤは，その著書『ブリハッド・アーラニヤカ・ウパニシャッド』にて，アートマンの本質を言語表現できないものとした。一般的に把握できないものであるからこそ，破壊されることも汚れることもなく，増減もない超越的で絶対的な存在であるとした。こうしたヒンドゥー教内部での哲学的な考察は，仏教やジャイナ教といった新興宗教の発展とともに育まれ，やがて精緻な哲学体系を生み出すにまで至る。

ウパニシャッドの成立により「宇宙の根源であるブラフマン（梵）と個別存在であるアートマン（我）の同一性」がヒンドゥー教の教義として確立することとなる。原初，神々や人間はブラフマンという宇宙の根源から生まれたものであるから，別々のものに見えていても根本的には同一のものである（梵我一如）とする考え方である。ブラフマンとアートマンが切り離すことができない大宇宙と小宇宙のような存在であることを示す考え方を不二一元論と呼び，この考えを前提としてすでに説明したような数々の哲学学派が成立することになった。

正しい知識の体得や修行の実践によって解脱へと至ることがヒンドゥー教の理想である。しかし，世俗の生活を離れて厳しい修行等に従事し，社会における執着を完全に捨て去ることは容易なことではない。それゆえ，諸々の哲学学派の成立の後，7世紀頃になると南インドを中心として，自力で得難い解脱は神への信愛（バクティ）によって得られるという考え方が登場してくることになる。

この時期になるとアーリア人の二大叙事詩にあたる『マハーバーラタ』や『ラーマーヤナ』が一般的に流通し，ヴィシュヌやシヴァがこの世界を創造したという創世神話等が広く知られるようになる。一般の信徒にあっても神々と人間の合一が希求され，そのためには信仰心が重要であると考えられた。紀元前後に成立した『マハーバーラタ』の一部である『バガヴァット・ギーター』等に信仰心の具現化やその重要性はすでに説かれており，文学作品が聖典的な位置付けをもつようになる。

『マハーバーラタ』はインド史上最長の叙事詩で，アーリア人のバラタ族の物語である。バラタ族のパーンダヴァ家とカーンダヴァ家の対立を描いたもので，パーンダヴァ家の5王子は従兄弟たちの奸計により，国を追われることとなる。5王子は各地を遍歴しながらさまざまな知恵を身につけ，武勇に磨きをかけて再び従兄弟たちと国を巡って争うことになる。物語はこの18日間の大戦争をハイライトとして描いている。

しかし重要なのは戦争自体ではなく，5王子の1人であるアルジュナが敵方

図5–7　インド説話の挿絵　ラーマーヤナは，インドに広く浸透した物語である。東南アジアにも波及し，大きな祭りでは舞台で演劇が行われる。

に自分の親類や友人，師がいるのを見て戦意を喪失し，クシャトリヤ階級としての務めを果たせずにいるところ，御者を務めていたクリシュナ（実はヴィシュヌ神の化身）に説得されて戦地に赴くまでに語られた内容である（この部分が『バガヴァッタ・ギーター』の骨子となっている。サドゥの教科書のような位置づけにある）。

クリシュナは，クシャトリヤ階級にとって自己の本分（この場面では戦争に赴くこと）に尽力することこそ解脱への道だと説く。クリシュナの説得の後，アルジュナはクリシュナの真の姿を拝顔することができれば戦地に赴くと約束し，クリシュナがアルジュナに天眼を与えてヴィシュヌ神としての姿を現す。このように『マハーバーラタ』には各階級における職分といったものを守ることが解脱に向かう道として説かれている。

『ラーマーヤナ』は，王子ラーマが国を追われて遍歴する中で，魔王ラーヴァナに連れ去られた妃シーターを救出する冒険譚である。神猿ハヌマーンの助力を得て，ラーヴァナのいるランカー島（現在のスリランカ）に渡り，魔王を倒す。物語は国に凱旋し王位を継いだラーマのその後も描かれており，最終的にラーマは人里離れた死に場所を求めて昇天する。『マハーバーラタ』『ラーマーヤナ』はインドの二大叙事詩として知られるが，王族たちの抗争や栄華とともに単なる大団円では終わらず，登場する主人公たちは王位を退くと死に場所を求めて遍歴するなどこの世の無常さなどについても言及するのがインドの叙事詩の特徴である。

『マハーバーラタ』『ラーマーヤナ』以外に，一種の百科全書的なプラーナと名のつく説話集が編纂された。プラーナは，諸神の神話や系譜，王朝史や哲学思想など題材が多岐にわたっており，プラーナ内に登場する神々は，信仰する人々の崇拝を集めた。中世のインドではそうした神々を祀る神殿が多数造られることになる。多くの諸女神も祀られることとなり，やがて女神デーヴィーらを崇拝するシャクティ集団が登場するまでとなる。知識の習得よりもバクティと呼ばれる熱心な信仰心が重要視され，神への信愛は，超越的な存在である神々に対する盲目的な愛情のように表現されるようになる。例えば少女の少年に対する情熱的な恋心として描写された。バクティの対象としてもっとも人気を集めたのは『ラーマーヤナ』の主人公であり，ヴィシュヌの力を受け継いだ王子ラーマであったり，『バーガヴァタ・プラーナ』に描かれるヴィシュヌの化身クリシュナである。

ヴァルダナ朝が滅亡した後，北インドはイスラム王朝の支配下となった。しかしヒンドゥー教は現地の人々の宗教として隆盛を誇り，南インドでは各地の国王の庇護の下，神殿祭祀や神殿崇拝が盛んであった。バクティのような篤信的信仰が盛り上がり，神学的な解釈が行われた。よく知られる神学者として，12世紀に活躍した南インド出身のラーマーヌジャ（1017–1137）や13世紀に活躍したマドヴァ（1238–1317）などがいる。彼らはシャンカラが説いた不二一元論に対し，神と人間との関係を一般信徒にまで拡張して神学的体系をまとめた。

やがて19世紀になるとインドはイギリスの植民地となるが，ヒンドゥー教がインドの宗教として多数派であることには変化がなかった。ただし，イギリス支配下の民族意識の高まりに伴い，宗教復興運動などが登場してくる。

ラーム・モーハン・ローイ（1772–1833）はブラフマサマージ（ブラフマ協会）を創設し，迷信や儀礼主義に陥ったヒンドゥー教の改革などを行った。カースト制度や未亡人の殉死（サティ）や幼児結婚といった社会的慣習の廃止，言論や政治制度の改革にも取り組み，近代インドの父と呼ばれている。また，ローイとは異なり，ラーマクリシュナ（1836–1886）は純粋なバクティを重視し，信仰心の重要性を説いた。弟子にあたるヴィヴェーカーナンダ（1863–1902）は，ヒンドゥー教が普遍宗教であることを説いた。彼は1893年にシカゴで開かれた万国宗教平和会議でヒンドゥー教について広く世界に紹介したことでも知られる。

第4節　ヒンドゥー教の宗派について

ヒンドゥー教は多神教であるため，各家庭で祀る神々が異なるなどの特徴がある。その地域にもよるが，信仰する神々によって主な宗派は分かれている。主な宗派としては，以下の4つが挙げられる。

- **シヴァ派**
- **ヴィシュヌ派**
- **スマールタ派**
- **シャクティ派**

シヴァ派とヴィシュヌ派はそれぞれシヴァ，ヴィシュヌという神の名が由来である。ヒンドゥー教では，世界を創造したブラフマー，ヴィシュヌ，シヴァの三大神を重要視する。三大神はそれぞれ役割分担があり，何もないところから宇宙の根源であるブラフマンがあり，そこから生まれた創造神ブラフマーによって世界は創造されたとする。

その後世界の維持を司るヴィシュヌによって世界の均衡が保たれる。しかし，世界は創造されてから時間を経るごとに劣化していき，そこに生きる人間も善人から悪人ばかりになると考えられている。最終的に世界が朽ちるその時に，破壊神であるシヴァが現れ，この世界が破壊される。世界が破壊された後は再びブラフマーによって新たな世界が創造されると信じられている。この三大神はまた，ブラフマンから出てきた神々であり，三神が究極的には一つであるとする三神一体（トリ・ムルティ）の考え方も生まれる。

これら三大神のうち，創造のみを担当するブラフマーの位階が相対的に低く，

図5-8 舞踊の神シヴァとその息子ガネーシャ シヴァはナタラージャ（＝舞踊王）としても信仰が篤い。シヴァの息子ガネーシャは知恵の神，商売繁盛，子孫繁栄の神としてインド料理店などでも祀られている。

この世界を維持するためにさまざまな化身に姿を変えてこの世に現れて人間を救うヴィシュヌや，世界を破壊するほどの大きな力を持つシヴァの二大巨頭が信仰の主な対象となった。

シヴァ派は，その名の通りシヴァを最高神として信仰する宗派である。シヴァは破壊と死の神の側面を持ち，激しい苦行者の姿で描かれ，髑髏の数珠をかけた姿などで描かれることもある。異名が多く，数々の逸話からブリトラハン（ブリトラを殺す者）の他，イーシュヴァラ（自在神），マヘーシュヴァラ（大自在神）といった絶対的な存在としてみられている。パールヴァティー，ドゥルガー，サティーといった女神を神妃とし，知恵と繁栄の神であるガネーシャ，韋駄天の名でも知られる雷神インドラを息子とする。

またシヴァは生殖と豊穣の神としても知られ，シヴァの生殖器には力があると信じられている。ヒンドゥー教寺院の中にはリンガと呼ばれる男性性器を模した神体があり，これを崇める。ヨーニと呼ばれる女性性器を模した神体を伴う崇拝器具もあり，家庭祭壇に安置されることもある。

ヴィシュヌ派は，その名の通り世界の維持を司るヴィシュヌを最高神として信仰する宗派である。ヴィシュヌは，シヴァとは異なり，温和と慈愛の側面が

図5-9　ヴィシュヌの恋愛物語　神々はその力の大きさから青黒く描かれる。ヒンドゥー教では数多くの神話が作られ，苦行よりも神々への信愛（＝バクティ）が解脱への道として説かれるようになる。写真はクリシュナとラダーの愛の物語の一説。

強調された神として描かれる。竜王の上に座し，複数の手でチャクラ（円盤型の武器），棍棒や螺貝，蓮華などをもつ姿が一般的である。霊鳥ガルーダに乗るラクシュミーを神妃とする。また，ヴィシュヌは，この世界を維持するために，人間世界の諍いの調停を行う存在である。人間世界には動物や人間といった仮の姿で現れる。この仮の姿のことを化身（アヴァターラ）と呼び，主な化身は以下の 10 種とされる。

1. マツヤ（魚），2. クールマ（亀），3. ヴァラーハ（猪），4. ナラシンハ（人獅子），5. ヴァーマナ（矮人），6. パラシュラーマ（斧を持ったラーマという意味，人間），7. シュリ・ラマチャンドラ，8. クリシュナ（『マハーバーラタ』では5王子の軍臣），9. バララーマ（鋤を握る者）もしくはブッダ，10. カルキ（「永遠」

図 5-10　ガンジス川での沐浴風景　ガンジス川下流域のベナレスでは多くの信徒が沐浴を行う。沐浴場は決まったスペースで行われていて人にあふれており，葬儀場も近い。動物の死骸なども流れているなど水質の問題がある。ガンジス川でも上流域の方が水質は良いという。

または「時間」を意味する言葉）である。

10種の化身のうち，カルキは，シヴァの代わりに世界の終わりに登場するヴィシュヌの化身である。ヴィシュヌ派にのみみられる考え方で，カルキとはカリ（暗黒）を破壊する者という意味をもつ。ブラフマーによって創造された世界が終わりを迎える暗黒時代，世間が殺伐として人々の心が荒んだ状態の中で現れる存在として信仰される。この他ヴィシュヌ派の中には細かな宗派があり，『バガヴァット・ギーター』を聖典のように重視する一団をバーガヴァタ派と呼ぶ。

スマールタ派は，スムリティ（伝承文献）を重要視する宗派である。いわゆる正統派とされる宗派で，司祭階級にあたるバラモンを尊び，ヒンドゥー教寺院などで祈りを捧げることを基本とする。特定の神を崇拝するのではなく，代表的な神々であるシヴァ，ヴィシュヌ，ガネーシャや太陽神スーリヤ（もしくはスカンダ）等を奉じる。

シャクティ派はシヴァ派から派生したとされる宗派で，シヴァの神妃の性力を崇拝する。シャクティとは力，特に性力を指す言葉である。これまで述べてきた宗派の中でも，ヨガの実践やチャクラ理論と結びつきが強く，仏教の密教にも影響を与えたといわれている。

現在，ヒンドゥー教の聖地が複数存在するが，主に河川崇拝などを由来とする場所が多い。特に神聖な川とその河岸に位置する都市を重視するが，それは俗なるものと聖なるもの，生きる者と死者との世界が交差する場所（ティールタ）であるためである。火葬場が並ぶガンジス川河岸のバラナシ（ベナレス）やクンブ・メーラ祭が行われるウッジャインなどが代表的な聖地である。

第５節　ヒンドゥー教の宗教儀礼について

ヒンドゥー教では，特にバクティを重視するようになったため，信徒は普段，ヒンドゥー教寺院や家庭祭壇での礼拝を行う。通過儀礼や宗教的祭事は，司祭階級のバラモン中心に行われることが多い。祭式を執り行うバラモンは基本的に男性のみである。

ヒンドゥー教では古来より，各々の人生を全うすべく人生の三大目標を理想として掲げている。三大目標とは，**ダルマ（規範）**，**アルタ（実利）**，**カーマ（性愛）**の３つである。

このうち，ダルマは宗教的価値に従った正しい生き方という意味合いであり，主にバラモンが目指すべき生き方である。理想的な規範については『ダルマ・スートラ』といった書籍にまとめられている。『ダルマ・スートラ』には数多くの注釈書も存在し，その一つである『マヌ法典』には，社会的規範等が詳細にまとめられている。世界の創造神話から各階級の義務，刑法などについても記述がある。

『マヌ法典』によれば，バラモンは理想的な生き方として子孫（特に男子）を作ることが筆頭に挙げられる。そのためにヴァルナの異なる女性との間の子ができたとしても，混血児は父親がアーリア人であればアーリア人の息子として育てられた。こうした特例とともにバラモンが守るべき数多くの規範，その規範に反する行為を行った場合の贖罪として浄化儀礼などが『マヌ法典』などには記されている。

アルタは，対象や目的といった意味を持つ言葉で，物理的な利益全般を指す。この世における富や名声であり，特にクシャトリヤがなすべき目標である。アルタについて書かれた『アルタ・シャーストラ』（実利論）には，バラモンを扶養する義務や国家運営のための税徴収についてなどの帝王学的なことが記されている。ヒンドゥー教では各職分の中で役割を果たすことが至上とされている。

カーマは，欲望や快楽という意味があるが，性愛一般を意味する言葉である。『カーマ・スートラ』には初夜の過ごし方や性的なテクニック等の男女の営みについても言及されている。子孫繁栄のためにカーマの成就は広くヒンドゥー教徒にとって重要なものとみなされている。

三大目標はあくまでも世俗世界における理想の生き方である。究極的な目標はこれら世俗の生き方から離れる解脱である。この解脱へと至る道はヒンドゥー教内でもさまざまに議論・実践されていることは既に述べた通りである。

また『マヌ法典』には，一般的にヒンドゥー教徒が自分の人生を全うするために四住期と呼ばれるライフステージを順番に過ごすことが理想と規定されている。4つのライフステージとは以下の通りである。

- **学生期**…入門式を済ませた後，各ヴァルナに応じたヴェーダの学習に専念する時期。
- **家住期**…結婚し，後継となる息子をもうけて入門式まで育てる家庭生活を送る時期。
- **林棲期**…世俗と離れて暮らす時期（妻は基本的に夫が決めた生活にしたがう）。
- **遊行期**…終の住処と死に場所を求めて遊行する時期。

元来，4つの時期それぞれを送る人が想定されていたようである。社会の成熟とともに4つの時期を順番に送ることが重要視されるようになった。

通過儀礼自体は，これ以前の幼少期に数多い。誕生式の後，10日ほどで命名式を行い，赤子に固形食を与える儀式（いわゆるお食い初め）などが行われ

図 5-11　ヒンドゥー教寺院の街壁　家庭祭礼だけでなく，寺院を訪れて祈ることも日常の一部となっている。ヒンドゥー教では偶像を禁止していないため，彫像などで飾られた寺院も珍しくない。カラフルな外観の寺院に礼拝に訪れる人々も多い。

る。ムンダン儀礼と呼ばれる誕生１年目から３年目の間に剃髪する儀礼や，文字を習い始める儀式などもある。これらは家庭祭礼の一種として家長を中心に行われる。子どもが無事に成長したことを祝う意味合いが強い。

幼少期の通過儀礼を過ぎると，重要な儀礼は上記四住期の節目などにあたる。特に学生期を迎えることは，アーリア人の成人として認められる時期にもあたり，通過儀礼として入門式（**ウパナヤナ**）が行われる。

入門式は，アーリア人だけの儀式であり，バラモン，クシャトリヤ，ヴァイシャの上位３つのヴァルナの家庭のみで行われる。かつてはアーリア人の成員とみなされた 12–13 歳ほどの男子がヴェーダの学習を本格的に開始するために家を出てバラモンのところに入門する機会でもあった。

アーリア人の子弟は，この入門式で二度目の生を受けると解釈される。二度目の生を受ける者をドヴィジャ（dvija）といい，アーリア人以外は一度しか生を受けないため，一度目の生を受けるエーカジャ（ekaja）と呼ぶ。エーカジャにはかつて教育の機会が与えられなかった。ウパナヤナでは盛大に宴を催す他，父子だけで家庭儀礼の口頭伝承を行う。現在は形式的に行われて，都市部

図 5–12　ヒンドゥー教徒の女性の婚礼衣装と吉祥の証メヘンディ　ヒンドゥー教では新婦は大いに着飾り，赤いドレスを身につけることが多い。額につけるビンドゥは既婚者の証。手や腕，足には吉祥の文様であるメヘンディを施す。

などでは簡略化も進んでいる。伝統的な父子伝承も廃れてきており，ヴェーダを学んで寺院管理を行うタントリになる機会は，カレッジのような教育機関で提供されているのが現状である。

また，結婚式は家住期に入る重要な通過儀礼の一つである。自由に行うというより，家の存続などが重視されることもある。したがって家父を失った家では未亡人の殉死（サティ）が慣行として行われてきた歴史がある。こうした慣行は現在禁止されており，州によっては夫と死別しても息子などが扶養するならば問題ないとするケースも多い。一部では離婚や再婚の手続きなども行われている。

同時に結婚式は，家の豊かさや身分を誇示する場面でもある。現在は恋愛結婚も増加しているが，互いの親類縁者を呼ぶなど伝統的な慣習に従った結婚式が盛大に行われることが多い。

葬式としては遺体を湯灌し，死装束を身につけさせるなど日本と同じような作法がとられる。火葬を基本とし，伝統的にはガンジス川のほとりで薪を積み，頭を北に遺体を置いて燃やされる。低いカーストの間では土葬もあるが，一般的に火葬されたのちに遺骨は埋葬されるか聖なるガンジス川に流される。ガンジス川では葬儀が行われるだけでなく，動物の死体なども流される。

一般的にヒンドゥー教の食事規定は厳しいものではない。しかしシヴァの乗り物である牛は神聖な動物とみなして食用しない。ただし，食用にしないだけであり，搾乳や古代の農耕用に活用していた事例が知られる。また不殺生を戒

図5-13　ホーリー祭の様子　かなり熱狂的な祭りになっており，観光客へは注意喚起が出される地域もある。

めているため，一般信徒でも肉食自体を避けて菜食主義を貫く者も多い。外食などで不要な殺生を行う危険性があるため，自宅での食事を好む人も多い。

敬虔なヒンドゥー教徒であれば，プージャーと呼ばれる家庭祭壇に供物を捧げて礼拝供養を行う。バラモン教の時代には供儀として動物を屠ることもあったが，殺生を忌避する傾向から動物ではなく，水や食べ物，花や神に捧げるお酒（ソーマ）を供養に用いるのが一般的である。ヒンドゥー教寺院では神像を清め，着物を着せたり香を焚いて音曲を鳴らす。寺院では管理者にあたるタントリ等が聖なる呪文を唱えて菓子や食物でもって神々を供養する。

ヒンドゥー教には多くの祭りがあるが，三大祭として，ホーリー祭，ディワーリー祭，**ダシェラ祭**が有名である。ホーリー祭は，インド暦の11月（2月から3月）の満月の日に行われる春の祭事である。もともと豊作祈願の行事であったが，ピシャーチャ（悪鬼）から家を守るための悪魔祓いの儀式が合わさり，色粉や色水を互いに掛け合う行事として今の形に至っている。

もともとはピシャーチャを追い払うために泥や老廃物をなげたことが始まりとされる。2日間かけて行われることが一般的で，1日目はヒンドゥー教の神々へ讃歌を唱えたり，神話に基づいて魔王の妹であるホーリカーの人形を焼いて，悪霊を焼き払って一年間の罪や凶事を清める。2日目になると，知人友

図 5–14　ヒンドゥー教徒の葬式　演劇はラーマーヤナのダイジェスト版であり，同時に伝統的なインド音楽が演奏される。

人問わずに泥水や色水，色粉を体につけたりする。男性が女性にかけるといった決まりがある地域もあれば，この日だけは無礼講としてヴァルナを気にせずに交わる日とする地域もある。一時的な乱痴気騒ぎの後，沐浴をして身を清めるのが一般的である。

ディワーリー祭は，ヒンドゥー暦の新年（10月から11月）にあたる祭日である。秋の収穫祭にあたる。光のフェスティバルとも呼ばれ，光が暗闇に勝利したことを記念する祭日である。地方によってさまざまな神を祀るが，各所に明かりを灯し，豊穣と吉祥の女神ラクシュミーを祀る点では共通している。死の支配者であるヤマを遠ざけるため，玄関や窓，屋上などにたくさんの灯火を立てる。友人知人と集まって食事をしたり，家財道具を新調したりする。祭日は5日間ほど続き，新年を祝う花火大会も催されていたが，近年は大気汚染やその危険性から規制されている地域もある。

ダシェラ祭は，9–10月に行われる10日間ほど祝われる祭りである。もともと秋の穀物の予祝祭にあたる。ヒンドゥー教の英雄であるラーマ王子が3人の悪魔と10日間にわたる戦いの末，勝利したことを祝う祭りである。この祭りは，ダシェラの前日までの9日間ナヴラトリと呼ばれる夜祭が行われ，10日目のダシェラでラーマ王子に倒された魔王ラーヴァナになぞらえた巨大な人形を燃やす催しがインド各地で行われる。ナブラトリは3日間ずつ区切られており，それぞれドゥルガー，ラクシュミー，サラスヴァティーといった女神たちに祈りを捧げる期間とされている。それゆえ，街中に女神たちの像が安置されて人々は参拝する。祭りの期間中，人々は断食を行ったり，自分自身を見つめ直す内省の時間を過ごす。10日目のダシェラの日は，各地の舞台でラーマーヤナが朗詠されたり，ガンジス川の近くでは人形を川に流したりする（ラームリーラーと呼ばれるラーマが悪魔ラーヴァナをやっつける勧善懲悪な場面を戯曲化したものが上演されるところもある）。

第6章　中国思想の基礎知識

第1節　現代中国の宗教事情について

中国の宗教は，さまざまな宗教の伝来とともに複雑な様相を呈している。現在，中国の宗教政策では共産党員は共産主義の理想を掲げているため，特定の宗教を信仰するといったことはないとされる。共産党の現在の最高指導者は習近平国家首席（2022年3月段階）で，党総書記・中央軍事委員会主席を兼務している。強い中央集権制の中で，公式で発表されている分には，漢民族と55の少数民族が暮らす多民族，多宗教国家である。

中央政権の提示する宗教政策は中華人民共和国成立後，刻々と変化してきた。現在，宗教事務条例として5つの公認宗教が定められている。公認宗教とは道教，仏教，カトリック，プロテスタント，イスラム教の5つである。カトリックとプロテスタントは同じキリスト教であるが，中国ではそれぞれ別の宗教とみなされている。

中国国内のカトリックは天主教と呼ばれ，都市中や農村部の公認教会で礼拝が行われている。唐代に伝わったネストリウス派（景教とも呼ぶ）に端を発して，16世紀にはマテオ・リッチが北京に入り，イエズス会の宣教が広まった。19世紀にプロテスタント牧師ロバート・モリソンが宣教師として活動し，カトリックや他の教派が続いた結果，全国的にキリスト教信仰が普及した。現在ではカトリックの一種である地下教会やプロテスタントの一種である家庭教会といった非公認のキリスト教会も増えている。

キリスト教の事例同様，公認宗教の宗教活動は基本的に宗教施設内での実施を原則としている。街頭での宗教勧誘等は厳しく取り締まられ，国内での布教

図６-１　岩肌に立つ中国の仏教寺院　中国国内には観光資源としての都市型寺院もあるが，世俗と距離をとる人里離れた山奥にも複数寺院が存在する。

活動の制限とともに，現在は海外からの布教活動も原則として認められていない。しかしながら，基本的に中央政権による宗教統制が行われているものの，公認宗教以外にも複数の非公認宗教が存在している。

また，中国の92％ほどを占める漢民族以外の少数民族の中には，イスラム教等を信仰する人々も多い。中国は省，直轄市，自治区，特別行政区等の行政区分が存在するが，そのうち５つある自治区の中で，新疆ウイグル自治区や寧夏ホイ族自治区はイスラム教を主に信仰する地域である。内モンゴル自治区，チベット自治区では主にチベット仏教が信仰されている。各自治区では独立運動や人権問題等があり，国際的にも注目を集めている。自治区内への漢民族の人口流入，若年層の就業等による人口流出等もあるが，独自の宗教的文化を守り続けている。

こうした事情を踏まえて，中国の宗教を網羅的に説明するのは困難を極める。そもそも漢民族を中心として，伝統的な思想に基づき宗教儀礼などが行われているわけだが，この中国における宗教的慣習を一言で言い表すことは難しい。一般的に漢民族の宗教は，儒教，道教，仏教が混淆する三教合一を指すので，本章はこれ以降，中国における**三教合一**の様相について概観することとする。

第 2 節　儒教の祖とその形成過程について

まず，儒教を宗教と定義するかどうか自体が困難である。なぜならば，儒教は漢民族の伝統的な宗教的儀礼を含む作法や人間関係の構築の仕方，つまり人としてどうあるべきかという倫理的道徳を問う学問的要素が強いものだからである。儒家と呼ばれる**孔子**（紀元前 551–同前 479 年。姓は孔，字名は仲尼）に端を発した思想家集団によって形成された学問，ないし政治思想として発展してきたものが儒教の教義部分にあたる。漢の時代に入り，官僚等の必須教科となって以降，多くの人々に学ばれて現在に至っている。それゆえ，宗教色というものが比較的浅薄であるが，孔子は死後に神格化されるなど儒教は後代に付加された宗教的要素も含んでいる。

もともと，中国には天の思想があり，超越的な天が自然界や人間の運命を支配するといった考え方が存在していた。天はやがて超越的な人格神の存在する場所を指すようになる。人格神にあたる天帝（上帝）は世界を統べる存在であり，天帝は徳を備えた者に天下を統一する命（命令）を与えるとし，天命を受けた者が天子（皇帝）として国を治めるにふさわしいと考えられるようになる。

天子が有徳者でなくなれば天命が改まり，新たな天子が登場することになる。つまり，皇帝や王朝の交替は天命によるものとし，こうした変革を易姓革命と呼ぶ（歴代王朝や皇帝は，禅譲という形で優れた君主から別の有徳な君主へと位が譲られることもある）。この考え方は，孔子の弟子筋にあたる孟子によってまとめられたものである。

やがて，天命は天子のみならず，一般的な人間にも適応されるようになり，いずれの人間にも天命が内在すると考えられるようになる。そして人の本性は天に基づき密接な関係にあるとする天人相関説などが登場する。天子や政治に関わる者は徳ある者として君臨し，国家運営を行うべきであるとされたことで，各地を治める諸侯たちは諸子百家と呼ばれる国家運営の方策を説く思想家たちを求めた。こうして優れた国策を献上する思想家は，各国で重用されることになる。

その中で登場したのが儒教の祖である孔子である。孔子は春秋時代の思想家

図6–2　孔子像　孔子を祀る孔子廟は中国本土や台湾，華僑・華人が多く住む東南アジア諸地域にみられる。

で，もともと魯国の昌平郷，鄹の生まれとされている（現在の山東省曲阜）。旧来の氏族を中心とする都市国家や身分制秩序の変容が起こりつつある周代末期に，全盛期の周代への復古的な思想を展開したことで知られる。具体的には，身分制秩序の再編と仁道政治を理想に掲げた。彼の考え方に賛同した思想家集団を儒家とすることから，孔子が儒教の祖という位置づけになる。

儒家という名称は，儒（雨乞いなどを行う宗教的な職業の一つ）と呼ばれる仕事についていた孔子の母親の職業からで，他の思想集団からの蔑称ともされる。孔子は幼少の頃よりそうした家庭環境の中で，宗教的な儀礼を含む礼儀作法（礼）の稽古に励んだとされる。孔子個人の特徴を語る逸話としては，身長が2m以上あり，音楽を好み，多芸多趣味で釣りや狩りを楽しみ，酒豪としても知られており，人間味あふれる存在として記述が残っている。

孔子は幼くして両親と死別し，貧窮の中で苦学したとされる。若い頃は倉庫番や家畜係といった下級役人として魯の国に仕官し，詩や書などの勉学にも励んだ。その後，各地を遊説し，魯に戻って中都の宰に任じられて以降，司空（土地・人民の長官）や最終的に裁判官の長である大司寇まで至ったとされる。

ただし，貴族勢力の争いや政治改革の失敗により，魯国を去って，弟子とともに諸国を遍歴した。しかし，儒家の思想が政治の中枢で重用されることはなく，最晩年には故郷の魯国に戻り，弟子の育成や古典研究，著述活動に専念したとされる。儒教で重要視される**四書五経**と呼ばれる教書のうち，『書経』『詩経』『春秋』などが孔子の著作として知られる。政治的には不遇であった孔子だが，晩年に開かれた私塾は幅広く門戸を開いたため，数多くの弟子が学んだ。孔子ののち，思想を受け継ぎ発展させた孟子，荀子ら後世の儒家が孔子の神聖化や思想の拡充を行い，漢の時代に至って国学になったことでその思想的地位が確立されることになる。

孔子の死後，儒家は八派に分かれたとされる。儒家では礼儀作法に代表される礼（外的な道徳）と親孝行に代表される孝（内的な道徳）が重視されたが，それぞれを重視する系統に主に分派した。2つの系統のうち，孝などを前提とする礼，つまり倫理的道徳心を重視したのが曾子の学派である。これに対し，形式的な礼を重視したのが子夏・子游の学派であった。この2つの系統から儒教を代表する思想家である**孟子**（紀元前372-紀元前289年頃）と**荀子**（紀元前298-紀元前238年頃）が登場してくる。

孟子は，戦国時代中期の思想家として知られる。幼くして父を亡くし，母親に育てられたことを示す「孟母三遷」と呼ばれる逸話が残っている。墓地の近くに居を構えていたところ，孟子が葬式の真似ばかりするため，市場の近くに引っ越した。すると今度は商人の真似事ばかりするので，学校の近くに引越し，孟子は熱心に勉学に励んだとされる。その後，孟子は孔子の孫にあたり，曾子の弟子である子思（紀元前492-紀元前431年頃）の下で学び，**性善説**や**四端の心**を説いて仁義の徳をもつ天子による王道政治を説いた。諸国をめぐって王道政治を説いたが理想は果たせず，晩年は孔子同様に弟子の育成に努めたとされる。現代まで知られる儒家の思想は数多くの書籍を著した孟子によってまとめられた言説が多い。

例えば，孟子の説いた言説の中でもっとも有名なものに性善説がある。性善説とは，人間の本質は善であるという思想である。孟子によれば，人間は先天的に正しい心の働き（良心・良知などという）を持ち合わせており，天から授かった天命を果たすべき存在である。全ての人に善なる道徳性が備わっているが，生まれながらにそうした善き本性を発揮できるわけではないとした。

本性を開花させるためには十分な徳を育てる必要があり，そのために修養が必要であると説いている。また，もし本質である善が発揮されず，不善な考えや行動を起こす人間がいるならば，それは外的な影響によって本質である善が失われている状態であると説明する。善を見失った者は禽獣同然であり，善なる本性を見失わないように学問を学び，四端の心等を育む必要があると孟子は主張した。

四端の心とは，人間に備わる善なる道徳心の端緒であり，以下の4つの道徳的な心情のことを指す。

- **惻隠**（そくおん）…他者を見ていたたまれなく思う心。
- **羞悪**（しゅうお）…不正や悪を憎む心。
- **辞譲**（じじょう）…譲ってへりくだる心。
- **是非**（ぜひ）…正しいことと間違っていることを判断する心。

この四端の心を養うことで**仁**，**義**，**礼**，**智**という4つの徳を備えられるとする。**仁**とは，人と人の間に自然に生まれる親愛の情を指す。孔子は，天子はこの仁に基づいて人民を統治すべきであるとし，徳でもって国家を治める徳治主義を主張した。特に国民すべてが肉親間に生じる孝悌（こうてい）の心を養うことを強調し，他人への思いやり（恕（じょ））や自分を欺かない純粋な真心（忠），心の内に生じる衝動を抑える心がけ（克己）によって仁を養うべきとした。

義は正しい行いを守ることである。孟子はこの義（正義）を繰り返すことによって，自己の道徳心を確信して実践しようとする**浩然の気**（こうぜんのき）が養われるとした。浩然の気が養われた高い道徳心を持つ人物を大丈夫（だいじょうふ）（一般男性を示す丈夫の中でも立派であるという意味）と呼び，理想的な人物とした。浩然の気に満ちていると誘惑に追随することがないとする。浩然の気そのものは，もともと生命あるものに備わっている活力やエネルギーの源といったもので，意欲的なものを意味する。

礼は，長い年月をかけて蓄積されてきた礼儀作法・慣習のことを指す。孔子は社会関係の基本は儀礼に基づく道徳的秩序であると考え，他者を敬う態度や振る舞い，礼儀作法や社会規範を重要視した。儀礼や礼儀は形式的になりがちだが，儒教ではこうした礼儀作法等を人間関係の土台とし，心の内面にある仁が他者を敬う態度や言動として表出したものとする。したがって孔子は礼を人間の生きるべき道として追求したともいわれる。

智とは道理をよく心得ることや知識豊富な人物を指す。

孟子は，こうした孔子の孝悌や忠恕の思想を重んじて**性善説**を説いた。しかし，時代を経ると道徳心を育てるために礼を行うことを重んじる考え方も生まれる。その一人が**性悪説**を唱えた荀子である。

荀子は戦国時代末期の思想家で，趙国の生まれとされる。斉の国に遊学し，首都臨淄の学士たちの中で頭角をあらわした。祭酒と呼ばれる学者グループの主席に選ばれるなどその知性は知られていたが，斉の国を去ることとなる。その後秦の政王を訪れ，重用されていた法家の商鞅（紀元前390–紀元前338）に思想を伝授したといわれている。その後活動の拠点を楚に移し，後継の育成に力を注いだとされる。門下には法家の系譜を継ぐ韓非子（紀元前280？–紀元前233）や李斯（？–紀元前208）などがいる。

孟子に対して，荀子は子夏・子游の系譜に位置付けられており，形式的な礼を追求した人物である。その根底には，人間の本性は悪であるとする性悪説があり，それゆえに学問と礼が重要であると説いた。ここでいう悪とは，人間は基本的に利己的な存在であり，後天的に努力を重ねることで善を指向していく存在であるという意味である。単純に人間は本来的に悪人であるといった意味ではない。欲望のままに行動する利己的な心を放任すれば争いが起きて社会が混乱するため，そうした危険性を犯さないためにも礼に基づく教育や習慣が重要であると説いた。荀子は孟子の性善説を批判し，社会の中で人々は各自の職分をわきまえ，それに応じた生活をすることで社会秩序が維持されると主張した。

従って，荀子は天子（皇帝）もまた礼に基づいて行動するべき存在であることを強調し，礼を身につけた君子によって法が制定されて，人民がその法に基づいて統治される礼治主義を理想とした。あくまでも刑罰といった強制力をもつ法律ではなく，礼儀作法といった慣習である礼に基づき，欲に流れやすい人間の本性を矯正することの重要性を主張した。その意味では，法家の説く法治主義と礼治主義は異なるが，荀子の思想の一部は，信賞必罰を重視した秦代の政治体制に受け継がれることになった。

儒学自体が政治理念として台頭してくるのは，前漢の時代になってからである。当初は反秦思想として漢王朝に採用されることとなり，前漢の全盛期の第七代皇帝武帝（前141–前87）の頃までに漸次的に定着したとされる（武帝の時代も当初は伝説上の黄帝や道教の祖である老子を信仰する黄老思想が根強かった）。

儒家の思想全般は漢代に理論化し，儒学という学問の形でまとまることになる。五経と呼ばれる孔子の著書を含めた学ぶべき書籍が選定されるようになった。五経とは，**『詩経』『書経』『礼記』『易経』『春秋』**の五つを指す。すでに孔子以前に存在していたテキストを編纂・注釈したものといわれている。

儒学の重用は，各地の諸侯たちの力を抑えるために，武帝の宰相董仲舒（とうちゅうじょ）（紀元前176年？–紀元前104年？）が賢良対策（天人対策・賢良三策）を進言したことが契機となっている。これにより，儒学以外の学問や思想は異学として禁止され，五経博士と呼ばれる儒家思想に精通した人材が中央政権に進出することとなった。

儒学者たちは，五経の研究に従事したが，五経の中でも孔子が著したとされる魯の年代記である『春秋』に孔子の理念や緻密な理論が示されているとされた。春秋学と呼ばれる解釈学が発展し，『春秋』の注釈書として「左氏伝」「公羊伝」「穀梁伝」が作成された。さらにこの注釈書群を分析・解釈する学問へと発展していった。特に，周を継承する漢王朝の権威づけのために「公羊伝」を基礎とする公羊学が重用された。

やがて後漢の時代になると，儒学の思想は陰陽五行説等と結びつき，孔子の超人化・神格化を促して宗教的な要素を帯びることとなる。神格化に伴い，各地に孔子を祀る孔子廟が作られることとなる。こうして官僚たちが五経や注釈を研究する経書研究が行われる一方で，学問の神様として孔子が敬われることとなった。後漢時代は儒学者によって古典全般が整理され，改めて注釈を施す訓古学が発展し，長く王朝の基礎的な教養・倫理的な道徳として多くの人々に学ばれることとなる。

漢王朝以降は，多くの長期的王朝で儒学が重用されることとなる。漢民族以外の王朝では他の宗教が熱心に信仰されるといったこともあったが，同時に官僚の必須教養として儒学は長らく政治思想として学ばれることとなった。

特に唐代には官吏登用試験である科挙の明経科試験の教科書として，『五経正義』が選定された。『五経正義』とは，孔穎達（574-678）らが南北朝時代に作られた五経の講義録である義疏の類を編纂したものである。こうして国家的学問として儒学の制度化が進んだ。しかし，同時に儒教の硬直化も進んだため，それに対する反発として仏教と道教との対話や古文運動（董仲舒以降に発展してきた儒学思想への批判）などの動きも起きた。

後漢以降の三国時代から唐代は，全般的に漢民族以外の異民族の台頭や国際化が進み，仏教や景教（キリスト教），祆教（ゾロアスター教）などの外教の影響も大きかった。再び漢民族の王朝である宋代に至り，皇帝を頂点とした官僚制及び中央集権体制が模索されることとなる。科挙制度も最終試験として皇帝に謁見する殿試が加えられて整備された。五経に代わって四書が選出され，科挙官僚の士大夫により実践に即した指針が求められるようになった。四書とは，宋代に整備された典籍であり，『礼記』の中から選ばれた『**大学**』と『**中庸**』，弟子との問答などによる孔子の言行録にあたる『**論語**』，孟子の逸話・問答を集めた『**孟子**』のことである。

こうした新たな儒学の潮流の中から，周敦頤（1017-1073）をはじめとする多くの儒学者が活躍することになった。周敦頤は，『太極図説』を著し，誰もが学問によって成人になれるという「聖人可学論」を提唱した。また，この頃より理（天理）を学ぶ姿勢が重要視された。理とは経験世界を超えた原理原則として実在するものであり，事物の法則性等のことを指す。この理を窮める窮理が重要視されることとなった。さらに程頤（1033-1107）は，形而上の理，形而下の気と区別し，宇宙の根本原理としての理，その質料である気の両方によってこの世にある万物が存在しているとした。程頤はまた，性即理説を唱えて，人間の本質（性）は仁義礼智信の五常，すなわち理を本性的に備えるものとした。五常は孔子の頃にまとめられた仁義礼智に前漢の董仲舒の頃に加わった信の５つを指す。信とは，言説違わずに友情に厚いことである。

こうした人間存在を理と気で説明する理気二元論が登場し，朱熹（1130-1200）が**朱子学**としてこうした言説を大成することとなる。朱熹は四書の注釈書である『四書集注』を著し，数多くの弟子を育成したことでも知られる人物である。朱熹は，程頤の理論を継承した上で，理は抽象的な原理原則であり，この世界に遍満する気（陰陽が五行などは気の異なる状態）が集まってさまざまな万物が構成されるとした。

また，人間存在については，その心は性（＝理）と情とが内在するものとし，善にも悪にも向かう傾向は情によるものとし，感情の高まりが種々の欲望を生むとした。朱熹は，人間は自己修養を忘れると本然の性を発現できないとし，仁，義，礼，智，信の五常の徹底や君臣父子の上下秩序を重んじる姿勢を重要とした。朱子学は江戸時代の日本でも学ばれて大きな影響を与えることとなる。

元代に入ると，科挙の一時停止などが起こるものの，数多くの文官が元朝に仕え，明代にいたって正式に朱子学が官学化することとなる。具体的には科挙制度の是正により，四書の尊重と朱子学の注釈重視が進んだ。第三代皇帝永楽帝（1360–1424）の命により，永楽三大全（『五経大全』『四書大全』『性理大全』）などが編纂されて朱子学は広く学ばれる学問となった。

また，明代に入ると人間の心を重視する王陽明（王守仁）（1472–1529）などの思想家が登場する。朱子学を学んだ王陽明は，朱熹の理気二元論を理論に偏った内容と批判し，人の心は理を会得しようとする心根があればそのまま理を体現し得るとする心即理論等を主張した。

王陽明の説は，知行合一説や致良知説など多岐にわたり，**陽明学**として後代まで影響を与えることとなる。朱子学の中で醸成された一種の権威主義を否定し，誰でも聖人になれる道をひらいた。やがて陽明学以外にも明末になると西学の影響から経世到用の実学を重視する流れが登場してくる。

一定の朱子学批判がある一方で，清代に入っても儒学者たちは政治の中枢で官僚として活躍した。満州族による統治ではあったが，科挙制度の継続などもあり，儒教の古典を実証的に研究して，本来の意味を明らかにしようとする考証学が流行することとなる。アヘン戦争等の対外的国難に直面しても，儒学の古典に対する文献学的研究は継続することとなり，朝鮮半島や日本に大きな思想的影響を与えることとなった。

19世紀半ばになって皇帝専制体制が崩壊すると，儒教はその存在意義を大きく損なうことになる。中華民国初期には，近代国家への脱皮を目指す陳独秀（1879–1942）らによって儒教は近代化の阻害要因とみなされた。雑誌『新青年』などを通して反儒教キャンペーンが行われた。共産主義を掲げた中華人民共和国でも，仏教や道教が五大宗教として公認される一方で，儒教は宗教として確立した地位を築くことはなかった。ただし，近年は儒教の思想に対する再評価が進んでいる。

第3節　儒教の教義について

儒教は，基本的に統一国家を支える学問として発展してきた経緯がある。そこに時代を経て開祖にあたる孔子の神格化などが加わって，宗教的な様相を持つようになった。教義や宗教実践については，孔子の時代より自己修養と儒教以前から存在する祖先供養が中心である。

それゆえ，儒教の教えは宗教的な教義というより，正しい言動のあり方やその背後にある倫理的な規範・理念が中心である。例えば，主に孟子によって説かれた基本的な倫理徳目としての**五倫**があげられる。孟子は，秩序ある社会を作っていくために年長者への親愛（孝悌の心）を主張し，この孝悌の心を基軸として，五倫の実践を行うことを重視している。5つの倫理徳目は以下の通りである。

- **父子の親**…父と子の間は親愛の情で結ばれなくてはならない。
- **君臣の義**…君主と臣下は互いに慈しみの心で結ばれなくてはならない。
- **夫婦の別**…夫には夫の役割，妻には妻の役割があり，それぞれ異なる。
- **長幼の序**…年少者は年長者を敬い，したがわなければならない。
- **朋友の信**…友はたがいに信頼の情で結ばれなくてはならない。

さらに孟子は，五倫の有無が人間と禽獣の違いであるとする。孟子はこの五倫を守ることで，規律正しい人間によるよりよい社会が保たれるとするのである。儒教の理念である修己治人（しゅうこちじん）（己を修め人を治む）という考えの下，五倫を社会に貢献する人材には必要不可欠な素養と位置付けている。

こうした倫理的規範をまとめた儒教の教典として，宋代にまとめられた四書五経が挙げられる。四書とは，『論語』『大学』『中庸』『孟子』のことである。五経とは『易経』『書経』『詩経』『礼記』『春秋』のことである。すでに述べた通り，五経は儒教の成立期にまとめられたもので，四書がのちに編纂されて四書五経の形になった。それぞれの記載内容の概要は以下の通りである。

〈五経〉
- 『**易経**』…六十四卦によって世界や人間の道理を説いた書。主に予言や占いの書にあたる。
- 『**書経**』…堯舜時代から秦の穆公（ぼくこう）に至る歴史をまとめた歴史書。主に古代中国における君臣の言行の模範が記されている。
- 『**詩経**』…主に周王朝期の叙事詩等をまとめた詩集。
- 『**礼記**』…周代から漢代の儀礼に関する書。祖先祭祀や冠婚葬祭等についてまとめられている。
- 『**春秋**』…魯の歴史を中心に編年体でまとめられた歴史書。

〈四書〉
- 『**論語**』…孔子と弟子の言行録。温故知新や五十歩百歩，出藍の誉といった故事成語等が記されている。
- 『**大学**』…『礼記』の一編で，儒教の学問階梯などが記されている。
- 『**中庸**』…『礼記』の一編で，性善説に基づく人間観などが記されている。
- 『**孟子**』…孟子の思想である性善説を中心に王道政治を説く書。

第4節　儒教の宗教儀礼について

現在の中国において，一宗教として確立していない儒教であるが，孔子を崇敬する人は多い。いわゆる学問の神様として知られ，中国の各地に孔子を祀る場所があり，文廟もしくは孔子廟などと呼ばれている。各地の孔子廟では孔子の生誕祭（9月の最終土曜日）が盛大に祝われている。孔子の生誕祭では，礼服に身を包んだ隊列を組んだ参列者が，廟内を厳かに行進する。古式の儀礼にのっとって，豚，羊，牛を一頭ずつ捧げ，本殿で祝詞（のりと）やお神酒を捧げて孔子の生誕を祝う。

孔子の生まれ故郷である曲阜には大成殿が作られ，儒教の総本山として篤く信奉されている。大成殿には，孔子と四配（孔子の弟子である顔子，子思，曽子，孟子の四人）が祀られている。同時に『論語』も納められており，教典が信仰の対象となっている。

葬送儀礼などは，道教などと共通する部分が多い（どちらかといえば，伝統的な慣習として儒仏道の3つの習慣が混在しているという方が正しい）。儒教の死生観では，人は死ぬと魂（こん）と魄（はく）の二つのたましいに分かれる。陰陽の説に従い，魂は精神を，魄は肉体をつかさどり，魂は陽にしたがって天に昇って神になり，魄は陰にしたがって地に返る。残された者たちは魂を祀るために位牌を作って廟に祀り，魄の戻る場所として地中に遺体を土葬する。儒教では故人の遺体は再び霊魂が戻ってくる，とり憑く可能性があるものとみなすので，土葬が基本であり，その上に墓を作るのが一般的である。

こうした死生観から，死者は死後も生前と同様の生活を営むとみなされていた。葬儀では死者の魂を天国や地獄など7つの世界を巡らせる儀式を行う。この儀式で死者の魂が最後に到達する世界はこの世であり，再びこの世に生まれ変わってきてほしいとの願いを込めて行う。また，日本の葬式でも行われる，個人を偲んで焼香をあげ，死者の棺や写真に向かって拝むことも元々は儒教的な葬送儀礼の作法である。

日本でいうところの仏壇も，儒教における祖先を祀る祖先堂を由来とする。位牌は，霊が立ち寄る場所として供養する対象である。墓参りの行為というのも儒教式であり，中国では清明節（春分の日から15日間）に行うものとされる。

第5節　道教の開祖と形成過程について

道教は，戦国時代に現れた道家と呼ばれる政治思想集団の説いた内容を思想的基盤としている。道家の代表的な思想家は，**老子**（前571年頃-前471年頃）と**荘子**（前369年頃-前286年頃）であって，彼らの思想を総称して老荘思想という。老荘思想の基本的な世界観は，作為なくあるがままの状態を理想とする**無為自然**である。老荘思想以外に，この世界を陰と陽等で説明する陰陽五行説や聖王伝説などが理論的な側面を支えている。

老子は，道教の祖といわれ，『史記』「老子伝」にその行伝が記されている。その記述によれば，老子は楚の生まれで，周（東周）の蔵書庫の役人だったとされる。周の衰退をみて，身を隠そうと関所を通り，その関所の役人の求めに応じて五千語余の教えを残して何処かへ去ったとされる伝説上の人物である。

荘子は，老子の思想を継承して哲学的に**老荘思想**を確立した人物である。『史記』「荘子伝」によれば，宋の国の蒙の出身とされる。漆園の役人であったが，その優秀さから楚王に招聘されるも宮仕えを断ったとされる。戦乱の世の中で，官職につくこともなく悠々自適の思索の生活を送った。逍遥遊（しょうようゆう）と呼ばれる境地に達した，生死や富，名声や幸福などをそのまま受け入れる人（**真人**）を目指し，人間の理想の姿を追い求めたとされる。

道教は，老荘思想だけでなく，古代中国の土着の神々への信仰や呪術的な習俗を含んでいる。現世利益を追求するための符籙（ふろく），不老長寿を達成するための仙薬や神仙に到達するための修行方法などが外来の仏教や儒教の影響を受けて道教という形で整備されていったのである。

また，道教は漢代以降に治病を中心に成立した民衆集団が信仰母体となった宗教である。後漢末に現れた**太平道**と**五斗米道**が組織化された道教集団の嚆矢（こうし）とされる。太平道は，河北の張角（？-184）を祖とする民衆集団である。張角は病治しの方術で大衆を惹きつけ，陰陽五行説に基づく世直しを唱えた人物である。張角は184年の黄巾の乱を主導したため，太平道は弾圧を受けて消滅した。

五斗米道は，四川の張陵（生没年不詳）が老子の神格化と鬼神信仰，符籙を使った治病などを組み合わせて創始した民衆集団である。中国南部を中心に民衆に広まった。創始者張陵は伝説上老子から天師に任命された人であり，老子の代理人として人々を正しい道に導き，悪霊との縁を切る役割などを果たす存在とされた。張陵を天師として信徒たちが集い，五斗の米の寄進が治病の対価であったことから五斗米道と呼ばれる。のちに**天師道**（正一道）として知られるようになり，宗教集団として組織化されていく。

天師道は独特な教団組織をもち，その一つが階級制度の導入であった。天師を階級の頂点とし，子どもが一番下の階級に属した。最初に自分の体内に住んでいる神々の名前を教わり，信者同士で結婚すると階級が一つ上がるようになっていた。階級が上がると新たな経典を受け取り，その階級に応じた規律を教えられる。階級が上がるにつれ，難易度が高い経典の内容を理解し，厳格な戒律を遵守することが重要視されるようになった。

また，天師道ではすでに没した英雄の類を神としてではなく血に飢えた悪霊とみなしたため，儒教等で行われる英雄に対する生贄の儀式などへの参加は禁止されていた。信徒たちは，高位にある星神や道そのものだけを敬うことが強要された（老子自身も当初は星神と位置付けられた）。自然や動物の命も大事にすることとされ，菜食主義が理想とされた。

さらに，道教の啓示は霊などが人間にのりうつる憑依という形で下されると考えられた。神仙の類は善神・悪神ともに存在するため，悪神等の憑依を拒絶し，天の星神や仙人からの憑依を引き寄せる方術が確立した。道教の修行者たちは，憑依による啓示を受けるために幻覚を起こす食物を食したり，非常に厳しい食事制限を行ったとされる。

漢代など漢民族が主導した王朝では，中央では儒教思想が重用されたため，道教や仏教といった他の宗教が政治的に重要視されることはなかった。他方，大きな弾圧などもなく，一般民衆を中心に信仰が広がっていった。特に，三国時代以降『論語』や『易経』などを老荘思想の枠組みで解釈したり，三玄の学（『老子』『荘子』『易経』）を議論する清談などがもてはやされて，政治の場から離れた竹林の七賢などの思想家によって理論的な発展をみせた。清談の流行は儒学者からの反発などを生んだが，同時に知識人の間で儒教，道教，仏教を双方向的に学ぶことが一般化した。

東晋の時代に入ると，洗練された教義をまとめた膨大な経典を保持し，組織化した仏教教団が隆盛を誇った。仏教の影響を受けて，道教もまた，組織的な教団化が進んだ。こうして道教は，理論としての老荘思想と民間信仰の淵源である**神仙思想**が合わさって現在の思想的原型を確立していくこととなる。

神仙思想とは，人は不老不死の存在である神仙になれるとする考え方である。神仙になるためには空中浮遊などの仙術修行が必要であり，悪事を働くことはその功罪に比して寿命を奪うこととされた。

晋代の葛洪（かつこう）（283–343）は，儒教的要素を加味しつつ神仙思想を体系化した人物として知られる。特に『抱朴子（ほうぼくし）』など多数の著作を残し，神仙となる仙薬の服薬が神仙への道とした。『抱朴子』には錬金術のような仙薬術（金丹）などが記されており，後世にも大きな影響を与えた。ただし，金丹は金属の飲用を含み，人体に悪影響であること等から次第に呼吸法などを重視する**内丹**が重視された。その後，陶弘景（456-536）が儒教や仏教の要素を取り入れつつ，神仙の系譜や仙道修行を重視する茅山派（ぼうざんは）の開祖となった。仙薬や食事に関する本草学（薬学）の研究も進展した。

南北朝時代になると，北方の鮮卑族の拓跋氏が北魏政権を打ち立てた。北魏では大規模な廃仏毀釈が行われるなどして，相対的に道教が国教的な地位に位置づくこととなる。北魏政権の支持を得た寇謙之（365-448）は，五斗米道（天師道）の組織と教義を改革し，新天師道（北天師道）を起こした。種々の祈禱などを排除する一方，一種の呼吸法である服気法などを確立し，皇帝には秘文（符籙（ふろく））を授けることで政治的な信任を得たとされる。

南北朝期は仏教と道教の勢力争いが顕著にみえるが，両教義の共通点を見出し，調和させようとする思想的潮流は常にあり，儒教も加えて三教合一の機運は次第に高まっていった。

隋の時代に入ると，道教よりも仏教を重視する傾向にあるが，王朝が短命に終わり，続く唐の時代は李氏が政権を担ったため，老子（李耳（りじ））を篤く信仰する道教が相対的に重用された。唐の歴代皇帝は，老子を「太上玄元皇帝」に追封（尊号の格上げ）し，『道徳経』等を科挙の内容に加え，全国に多くの道観を建立するなどした。

仏教からの影響は大きく，唐代には道教の経典の集成にあたる道蔵の編纂も国家事業として行われた。道教の教義は茅山派を中心に整備された。唐の第9代皇帝玄宗（685-762）は自ら『老子』に注釈をつけたとされる。玄宗の寵妃であった楊貴妃も，内丹術に精通した女性道士であったとされる。

唐代は宗教においては寛容な姿勢がとられ，儒教，道教，仏教が国家の公認の下，ある程度の共存を果たした。これ以降，清王朝が滅びるまで三教がそれぞれ教義的にも発達し，信仰面では融合していくこととなる。

8世紀半ばの安史の乱以降から五代十国にかけて，国乱が続いた。その期間信仰は続いたものの，歴史の表舞台に道教が登場するのは北宋の時代になってからである。北宋の時代に入ると，歴代皇帝は唐代が李氏王朝として老子の権威を用いたのと同様に，王権の権威づけとして道教の神格を利用した。趙氏が王朝を開いたのは玉皇大帝の命によるものとし，唐代同様道蔵の編纂などが積極的に行なわれた。

玉皇大帝とは，道教における最高神に位置する神格である。古くは神格化された老子＝太上老君が最高神とされたが，のちに陶弘景が元始天尊を最高神とし，北宋の頃にはそれが化身となって玉皇大帝になったと言われている。

道蔵の編纂以外にも，北宋の時代になると過去の有名な道士や各地の英雄，山川といった自然の神々が加封されて神的な地位を高めた。皇族をはじめとする上流階級のみならず，中流・下流の人々の間でも種々の神々に現世利益を祈ったり，符籙を使って厄除けをしたり，葬儀や法事を道教の宗教指導者にあたる道士に任せたりすることが一般化した。

明の時代は再び儒教が台頭したが，度牒制度により僧侶や道士の数が制限され，税金や兵役逃れの横行が防止されることとなった。国家権力によって宗教教団が管理される政治体制が強化され，道教教団の中でも明暗が分かれることになる。当時，道教教団は王重陽（1113-1170）が創始した全真教と五斗米道の流れを汲む正一教が人気を二分する状態にあった。

このうち全真教は元朝にあって重用されたため，明代では全真教に代わって正一教が優遇された。その結果，正一教の高位の道士たちはかえって堕落し，その地位を徐々に低下させたとされる。明から清へと王朝が変遷する中，清王朝では道教よりも仏教を重用する向きがあり，政治的な意味合いでの道教の地位は低下し続けた。しかし，正一教は符籙や法事などを行うことで多くの一般信徒の支持を集め，盤石な経済的基盤を保持し続け，現在に至っている。

中華民国の時代になると，ヨーロッパの近代国家から科学や近代キリスト教などの新たな思想が持ち込まれることになる。廟産興学（びょうさんこうがく）と呼ばれる政策によって，宗教的な活動を非生産的な慣習とみなし，西洋に倣った近代化を進めていく中で，その寺廟および財産を没収して学校に転用するなどといった動きがあった。

中華人民共和国建国後，道教は中国共産党が公認する5つの宗教のうちの一つとなった。1957年には中国道教協会が発足したが，正一教は国民党政府に協力して台湾に渡ったため，大陸では全真教が最大教派になっている。現在の

図 6–3　台湾にある道観の外観　道観などの宗教施設は，中国大陸南部から台湾・香港などに多い。

道教は信徒数も道観数も中国仏教ほどに隆盛を誇っていないが，宗教施設である道観は宗教的指導者および修行者として誦経や気功にも励む道士たちを中心に維持されている。

第6節　道教の教義について

道教の教義の根幹には老荘思想がある。老子思想の基本的な考え方として無為自然があり，儒教の考えとは一線を画する。無為自然とは，作為をなさず（無為）に万物をありのまま（自然）に捉えることである。無為とは，人間の恣意的な価値判断や意図を含まない状態のことである。いわゆる個人の私利私欲とは異なる境地にあたる。

老子を筆頭とする思想集団の道家は，無為自然であるものとして宇宙の根源である**道**（タオ）を想定している。道はこの宇宙や万物の根源にして名付けることができないものと理解されている。同時に，この世界の事物や人間は道から生まれたものであり，道同様の状態が理想的であるというのが老荘思想の基本である。それゆえ，現実社会においてもこの道に従う生活を理想とした。

老子はこうした無為自然の社会や人間存在を実現するために，素朴で欲が少ない（寡欲）人々が形成する小集団＝**小国寡民**を理想形態とした。小さな農村形態で自給自足の生活を行い，隣国への人々の往来も少ない生活こそ，争いが起こらず平和な状態を保てるとする。こうした老子の思想は，苛烈化する学問の奨励や文明化による社会の混乱や戦争の否定，ひいては儒教批判等につながっている。

また老子は，「上善水のごとし」という言葉を残しており，最上の善は水のようなもので，水が万物に恩恵をもたらすことで争いを生まず，目立たない低いところにまで行き届くことに似ていると表現する。こうした水のように柔軟で謙虚な生き方を**柔弱謙下**（じゅうじゃくけんげ）と呼び，人と争わない態度が理想的な人間のあり方であるとした。

老子の後，老子の説を理論体系化した存在として荘子が挙げられる。荘子は戦国時代中期に登場してきた人物で，儒家の孟子と同時期に活躍したとされる思想家である。老子の無為自然や道の概念を受けて，**万物斉同**を論じた。万物斉同とは，ありのままの実在の世界は是非，善悪，美醜，栄辱，生死などの対立・差別を超えた本来斉（ひと）しいものであるという考え方である。人間が分別した言語や善悪などの価値判断は，人間にとってのみ存在する相対的なものにすぎず，あるがままの実在の世界はそのような人為的な区別や対立を超えたものとする。荘子は，「本来的に世界は一切のものが斉しい絶対的な無差別の世界である」とする。つまり，無為自然の世界では，万物すべては斉しい価値をもつとする。この真理を理解するためには，言語を介さない超越的な認識方法（明）でもって世界を捉えるべきであるとし，儒教思想と対立する主張を展開した。

こうして，教義的には儒教や仏教の言説を尽くす方法と異なるアプローチを試みる道教ではあるが，儒教や仏教に影響を受けて宗教教団として形式が整っていく。特に仏教の影響から，道教の経典整備が進み，宋代に至って陸修静（りくしゅうせい）（406–477）が，古来の著述を蒐集した上で道教の基本経典である**三洞**を定めた。『三洞経書目録』が作成されて，宋末期にはこれに**四輔**が加わり，道教教理の基本が出来上がった。

三洞とは，洞真部・洞玄部・洞神部の3つの経典群を指す。洞真部は『上清経』，洞玄部は『霊宝経』，洞神部は『三皇経（三皇文)』を中心とする。このうち『上清経』は，天師道の指導者かつ祭酒でもあった魏華存（ぎかそん）（251-334）の教示として神に至るための修行方法などがまとめられている。

『霊宝経』の起源は古代中国の禹の時代まで遡る。神仙に至るための「霊宝五符」と呼ばれる修行方法や呪術を基礎とする。経典として編纂される過程で，輪廻転生の思想や道教の最高神である元始天尊が衆生を救済するといった仏教的な思想も含有されることになる。葬送儀礼等も詳しく記載されている。

『三皇経』は，天皇，地皇，人皇の3つの皇から名付けられている。西城山の石室の壁に刻まれた文言を帛和（はくわ）という人物が学び取ったとも，新天師道の拠点であった嵩山（すうざん）で鮑靚（ほうせい）という人物が石室から発見したともいわれるが，現在は消失してしまい，確認することができない。悪鬼魍魎の退散法や鬼神の使役方法が記されていたとされる。

四輔は三洞を補足するもので，4部にまとめられている。『老子道徳経』および関係する経典類に関わる太玄部，残存した『太平経』がまとめられた太平部，金丹術についてまとめられた太清部，五斗米道や天師道関係の経典を含む正一部で構成されている。

道教の信徒たちは，道士の指導のもとに『道徳経』を学び，各人の位階に応じて学習内容や呼吸法などの修行を行う。道教の神々の秘密名や形相を学んでいき，位階が上がるほどに厳しい規律遵守が求められる（学習終了と規律遵守の両方が，次の位階に進む条件となっている)。規律遵守は師に至るまでの条件であり，最高の位階となると180もの規律を守ることになる。

道教では，儒教の説く形式的になりがちな礼に反発し，より平等で個人を救済する道を目指す仙人が目指されるべき境地，同時に崇拝の対象でもあった。仙人とは，心身ともに俗世を超越した存在とされる。道教では，人間の体は体内と体外のエネルギー，つまり気が絶え間なく交換される場所なので，このコントロールができる人が理想とされた（荘子はこの理想的人物を真人と呼ぶ)。

仙人になるための一つの手段として，金丹（外丹）はもてはやされたが，その実践には特殊な金属や鉱物が必要なため，実際に実行に至ることは少なかったとされる。原料として丹砂（硫化水銀）などが用いられた形跡があり，人体への影響が少なくない技法であった。そこで次第に，外丹から内丹の方術が充実していくこととなる。

内丹術は，万物の構成要素である気を養うことで人体内に神秘的な霊薬（内丹）を生成する術を指す。自らの心身を鍛錬することで万物の根源である道との合一を目指す一種の修行方法である。内丹術の内容はさまざまであるが，主に行気，導引，存思，房中，胎息などがあり，多くは呼吸法（調息）の一種である。気功などの修行は，体内の気を練る座禅に近い内功と武術を鍛錬する外功の2種類がある。太極拳などを行うことで体内外の気の流れを整えることもあり，陰陽五行説に通じている。

さまざまな方術の中でも，道教特有なのが房中である。房中はいわゆる男女という陰陽の交わりの術にあたる。男女の性行為についても言及があり，女性が十分に興奮した状態で交わること，男性は快楽に身を任せず自らの気に集中し外部に漏らさないように交わること等の作法がある。

こうした道教の姿勢から，他宗教に比して女性の道士や神仙が数多く存在するのも道教の特徴である。内丹術は男女別に論じられる箇所もあり，女性のための内丹術は女丹とされる。女丹では，女性の出産能力などを考慮した修行方法などが記されている。女性は不老不死の胎児を宿す可能性があるとして，男性以上に高度な術が求められるとする説もある。また，仙人に至るための月経を止める秘術などが経典類には記載されている（男性の場合は性器を見えなくなるまで小さくする鍛錬法等がある）。

外丹や内丹の術を基礎として発展してきたのが中医学（中国の民間医療）である。現代医学とは異なり，中医学では病気を治療する治療医学以前に，病になる前の段階で治療すべきであるという予防を主体とした「未病」を重視する。未病の発想は，神仙思想の不老長生につながっている。日々自身の養生（生を養う）を行うことで，自然と調和した生活を送り，年齢に見合わない老化を防ぎ寿命を全うすることが神仙への道に通ずるためである。養生とは，体の中に棲む3匹の悪い虫（三尸）を断つことにあり，三尸の食物となる穀物を摂取しないこと（辟穀）が望ましいとされる。

中医学では医食同源という言葉があり，食養生として具体的に食事の摂取方法がまとめられている。食物から得られるものは，気となって体を巡りながら身心を形づくり保養すると考えるため，特に重要視されている。

例えば，文明化された食物は心身によくないとされる。このため，栽培された食物や加熱した植物を食すことを避ける者もいる。一説には木の実だけを食べて仙人に至った人物などの事例もある。穀物を食べないこと以外でいえば，干し肉や干した果物といった完全に消化できる食物が良いとされた。

食養生に加えて，中医学では未病のために重視されているのが気功である。一定の動作を伴った功法（太極拳）などによって気血の流れを改善し，身心の好調を保つ方法である。加齢や生活習慣などで気が消耗する，あるいは衰えることを防ぐために，漢方薬などの薬学の知識も発展した。また，中医学でも性生活と健康との関係を重視しており，理にかなった性生活は心身を健康に保つと考えられている。

第7節　道教の宗教儀礼について

道教の特徴は，儒教や仏教といった外部の宗教の影響で，病治しや民間信仰などの慣習が宗教として体系化してきたことにある。それゆえ，中国の伝統的な宗教儀礼を各宗教に厳密に区別することは困難である。

それを踏まえた上で，主に道教由来の宗教活動がいくつかある。例えば，廟会（びようえ）での現世利益の追求，治病儀礼，葬送儀礼などである。廟会とは，縁日のようなものでほぼ毎月何らかの神仙の祭りが開催されている。廟会を介して，人々は廟や道観に参拝して商売繁盛や無病息災などを祈る。道教の宗教施設である道観は，道士（女性道士は女冠と呼ばれる）によって管理されている。廟には，代表的な神仙が祀られ，各神仙に合わせた祭式が存在する。不老不死の仙人への崇拝も強く，各地で名を残す仙人は崇拝されていて，真人として死後天に昇るとされた。

宋の時代になると，神仙と統合するような形で元々は人間であった真人への崇拝が確立していく。上位に属する神々を先天，下位に属する神々を後天などと分類する。道士たちは，先天の神々（女媧，伏犠，神農などの伝説上の人物）を敬い，死者があの世で神になった後天に神の称号を与える権限を持っている

図 6-4　道観に安置される神像群　多くの道観では，三清やその他複数の神々の彫像が所狭しと祀られている。

（カトリックの聖人認定と似た仕組みである）。

道家の思想の祖とされる老子は，死後太上老君として祀られている。歴史上の偉人なども多く神格化されており，後漢の関羽は，関聖帝君として世界中の中華街で見受けられる。道観や家庭の祭壇に神々は祀られているため，道観では数多くの神像を祀っている。

航海・漁業の守護神である媽祖（まそ）信仰も篤く，特に台湾などで親しまれている。仙人には女性の仙人もおり，「八仙渡海」と呼ばれる８人の仙人が船に乗っている絵があるが，この八仙の一人である何仙姑（かせんこ）は女性である。女仙の中で最高位にあるのは西王母で，全ての女仙の長，不老不死の象徴でもある。

歴史上の人物だけでなく，自然現象の神格化も多い。道教では月神や太陽神の他，九天応元雷声普化天尊（きゅうてんおうげんらいせいふかてんそん）も位の高い神として知られる。九天応元雷声普化天尊は，五雷，十雷，三十六雷の雷神らを束ねるだけでなく，人間の生殺吉凶を司り，生死の鍵も握る神である。

また各方角を司る五方五帝（東西南北＋中央）なども存在する。ただし，五方五帝などは秦の時代から定まっており，その上に昇天上帝が存在するといった思想自体は道教由来ではなく，古くからの民間信仰に由来するものである。

神々の序列は複雑であるが，本尊として道を神格化した三清（玉清，上清，太清）にいる天宝，霊宝，神宝君が最上位の神仙にあたる。その根源にあたる元始天尊を最高神とするのが一般的である。太上老君（開祖老子の神格）や神々を統括する位置にある玉皇上帝（玉帝）も最上位の神々として崇拝する。

また，独自の護符（霊符）を用いて，悪霊（鬼と呼ぶこともある）を調伏する。道教では善なる神だけでなく，悪霊の類の存在も認める。悪霊は人間に憑依して悪さをはたらくとされ，憑依対象に災いをもたらすとされるため，道士によって悪霊払いの儀式が行われる。

道教を信仰する一般信徒は，道徳的な生活を守り，天にいる神仙や悪霊の類である鬼を祀る。鬼はもともと，神仙と人間の中間的存在であり，天意や人倫に背いた人間に災い等をもたらす存在として捉えられている。さらに，神と鬼の世界の間に人間界があり，各階層における善悪の行為によって，移動があると考えられた。それゆえ，人間は神秘的な「符」を用いて護身を行い，人の道に外れないことが重視とされた。

葬送儀礼についても，儒教や道教といった厳密な区分はできないが，陰陽五行説に基づく風水や道教由来のものがみられる。葬儀には白を基調とした色が用いられ，「白事」とも呼ばれる（逆に婚礼は赤を基調とし「紅事」と呼ばれる）。葬儀にあたっては，まず遺体を整え，洗い清めた後に白い死装束（寿衣）を着せる儀式である小殮（しょうれん）を行う。

葬儀の手配をした後，葬儀の日程や場所を親戚や知人に知らせる報喪を行う。知らされた人は花輪を準備し，対聯（ついれん）と呼ばれる葬送に適した言葉を送る。葬儀の場所は葬儀場（殯儀館（ひんぎかん））を使う場合の他，死者は葬儀が終わるまで霊棚と呼ばれる祭壇に安置される。

祭壇には死者の遺影を飾り，死者が好んだ食べ物などを供物として供え，線香や蠟燭などを捧げるのも道教的な作法である。死後の世界で死者が困らぬよう紙銭や紙で作った日用品等が各家庭で用意される。その後通夜に当たる親類縁者による訪問（守霊）を受ける。この際，近親者は薄い色の生成りの麻布で作られた孝服と呼ばれる喪服を着て弔問客を出迎える。故人を偲んで藁縄で結んで留め，草履を履くのが通例である。

葬儀では，道士による読経の他，楽隊による吹奏や鼓舞が行われる。家族の前で遺体を棺に入れて釘を打ちつける。裕福な家庭では遺体を入れた内棺をさらに豪奢な外棺に入れ，故人の愛用品や副葬品を棺の中に入れる。故人との別れを偲んだ後，いよいよ出棺する。

出棺の際は，喪主が陶器の盆を割る儀式を行う。道教では，人間の体は精神を支える気である魂と肉体を支える気である魄で構成されているととらえる。生きている間は魂魄が一体の状態であるが，死後に魂と魄が分かれ，魄には悪霊などが取りつく可能性があることから死体は土葬されることが多い。墓地までは棺を担いで葬列をなしていく。引魂幡と呼ばれる存在が旗を掲げて葬列を先導し，楽隊が演奏を行い，時に爆竹を鳴らすなど死者の弔いは賑やかに行われていたが，近年は簡素化している。埋葬の場所や日時は易占によって決めることが多い。

死者の埋葬後，1週間ごとに墓に出向き，紙銭を焼いて読経する焼七を7回行う四十九日を経て葬儀は終わる。紙銭を毎度焼くのは死者の世界でお金に苦労しないようにという願いによるものである。その後，伝統的には3年間は喪中とするが，現在は短縮化されている。後に遺骨を洗い，骨を金塔と呼ばれる陶器の甕や塔状の納骨器に納め直すことが行われる。中国では春節（旧暦の正月）の時期などに道観に焼香をあげたり，墓参りをする。こうした慣習は日本の葬式や死者との関係性に大きな影響を与えている。

第8節　中国仏教の歴史と形成過程について

仏教は中国においてインドからの外来宗教であった。すでに述べた通り，中央集権制を中心とする官僚社会を支える思想であった儒教と民間信仰の総体である道教とともに，中国独自に発展したのが現在の中国仏教である。すでに仏教については第4章にて触れたが，ここでは仏教の中国への伝播の歴史やその思想の変遷について概説しておく。

中国への仏教伝播は早く，紀元前後には主に西域からシルクロードを経由して，あるいは南海航路を経て中国に伝えられたとされる。伝来には諸説あり，紀元前2年に博士弟子の景盧（けいろ）が大月氏（だいげつし）の使いである伊存から『浮屠経（ふときょう）』（一種の仏教経典）を口授されたのが契機とする説などがある。すでに『後漢書』に仏教信仰に関する記述があり，道教における神仙に近い形で仏への信仰があったことが知られる。

2世紀半ばになると仏教経典の漢訳がなされるようになった。三国時代になると，在家居士である維摩（ゆいま）を主人公とする大乗経典『維摩経』が翻訳されて，大乗仏教の理論と宗教実践が広く一般民衆に受け入れられた。また，阿弥陀仏のいる極楽浄土への信仰を説く『無量寿経』も翻訳されて，中国独自の仏教集団や教義が形成されていくことになる。

インドや西域から経典類が伝来し，その内容も知られるようになったが，修行者の生活規範や出家者の正しい受戒方法を示した戒律全般は経典の伝来に遅れて到来した。それまで仏教の僧侶は単に剃髪するだけで一般人と区別していたにすぎなかった。正式な戒律を授けられた僧侶がいない状態はしばらくあったようであり，やがてインドの大衆部系統の戒律が受容されて以降，正しい戒律の伝達が促された。同時に訳経などにより知識と富を蓄積した僧侶が土地を所有し，地主として活躍するといったことも起こった。

4世紀半ばになると，道安（314–385）とその弟子である廬山の慧遠（334–416）の時代に仏教教義の理解が深化し，中国仏教独自の教義や宗派が登場してくる。慧遠は廬山に居を定め，念仏結社である白蓮社を始めた人物で，中国浄土教の祖とされる。

5世紀はじめになると，長安に迎えられた訳経者でもあった鳩摩羅什（クマラジーヴァ）（344–413もしくは350–409）が大乗経典の『法華経』や大乗仏教の中観派の祖であるナーガールジュナ（龍樹）の著した論書『中論』『大智度論』等を翻訳し，仏教の理論的な教義も十分に中国に伝わったとされる（唐代の仏教僧**玄奘**（602–664）によって訳出されたものに先立つ，この時期に訳されたものを旧訳と総称する）。

そして，長らく中央では儒教が厚遇されていたが，南北朝時代以降，異民族が中国への影響力を持つと，仏教を厚遇する王朝も登場することになる。

南北朝時代になると，老荘思想を媒介として入ってきた格義仏教が流行するなど，儒教や道教とともに仏教の教義も広く学ばれるようになった。特に北朝では異民族の王朝が立て続けに乱立する中，北周・隋代に活躍した浄影寺の慧遠（523–592）が火と薪のたとえでもって仏教の輪廻説を展開した。南朝では，梁の時代に武帝が道教を捨てて仏教に帰依し，「断酒肉文」を公にし，殺生を禁じて道士を還俗させるなど仏教を保護した。僧祐（445–518）が『弘明集』などを著し，仏教と道教の論争が活発であったことが知られる。

北朝では439年の北魏統一後，寇謙之（365–448）ら道士の進言を受けた太武帝（408–452）によって，大規模で知られる廃仏が行われたが，その後雲崗石窟が開かれるなど仏教復興が行われた。494年の洛陽遷都後，洛陽には1000余の寺院が建立され，仏教文化は全盛期を迎えた。

589年に南北を統一した隋の文帝（541–604）は篤く仏教を信仰して保護し，全国に仏塔（釈尊の遺骨を安置する塔）を建立させた。続く煬帝（569–631）は，即位以前から仏教との関わりが深く，天台宗を大成した智顗（538–598）から菩薩戒を受け，智顗に智者大師の号を贈っている。

唐代の中国仏教は第二代皇帝太宗（598–649）の時代に，玄奘（602–664）がインドへ遊学し，数多くの仏教経典をもたらした。玄奘が帰国した後，太宗に厚遇されて長安にて大規模な翻訳事業が行われた。玄奘が訳経作業に従事するために用意されたのが長安に建立された大慈恩寺である。彼が太宗の命によって著した『大唐西域記』には当時のインドの地政的状況なども詳細に記されている。

唐代において，玄奘以降に基（慈恩大師）（632–682）が法相宗を，善導（597–681）が浄土宗を開くなど，日本仏教にも大きな影響を与えた仏教が中国で隆盛を誇った。浄土宗は浄土三部経を基本とし，阿弥陀仏にすがれば極楽浄土に往生できると説く教えである。凡夫（一般の信者）のために浄土への往生は用意されており，称念念仏として念仏を唱えることで死後の救済が約束されているとした。

一般民衆には主に菩提達磨（ボーディダルマ）（5世紀後半？–6世紀前半？）によって伝来した禅宗が受け入れられた。達磨は「不立文字，教外別伝，直指人心，見性成仏」にまとめられる通り，文字や書物に頼らず，直感的に真理を認識することを重視した。神秀（606–706）と慧能（638–713）がそれぞれ北宗禅と南宋禅を形成した。北宗禅では修行を重ねて段階的に悟る漸修漸悟が，南宋禅では修行を経ずにただちに悟る頓集頓悟が支持されることとなった。

インドから密教も伝わったが，晩唐には仏教行事への国費の負担増や仏寺の

図6-5　チベットのラサにあるポタラ宮歴史地区　世界文化遺産にして観光資源としても活用される仏教寺院の一つ。チベット仏教の総本山ジョカンを擁し，歴代のダライ・ラマの霊塔が存在する場所でもある。

広大な荘園所有，僧尼の苦役逃れなどから国家財政が圧迫され，845年には武宗（814-846）によって廃仏政策がとられた（会昌の廃仏）。

五代十国時代に入ると，北方では後周での廃仏があったため，仏教は南方で栄える結果となった。宋代以降は儒教や老荘思想との融合なども模索された。仏教の中でも禅宗が盛んになり，臨済宗や曹洞宗が創始されることになる。この頃，道教や儒教の中でも朱子学からの仏教批判が強く，仏教側も前燕の張英（？-？）による護法論などが主張されるようになった。

元代になってからはチベット仏教の僧侶パスパ（1235-1280）が元王朝初代皇帝となるフビライ（1215-1294）の師になるなどモンゴル人によってチベット仏教が厚遇された。従来の中国仏教は窮地に追い込まれ，さらに明代となって仏教への統制は強化された。漢民族王朝の明では儒教（朱子学）を中心として，儒仏道の三教一致が推進されたためである。同時に中国仏教界の中でも座禅瞑想を重視する禅宗とこれまでの教学の一致が説かれるようになった。

中華民国になると，仏教僧である太虚（1890-1947）らによって中国仏教の近代化や教育機関の設立などが進められた。国民党が台湾に国民等政府を樹立し，共産党による中華人民共和国が建国されると，中国本土の仏教寺院などは文化大革命などによって大きな打撃を受けた。仏教寺院の破壊などがあったが，改革開放政策後は中国仏教協会の主導で仏教が復興されていくこととなった。現在は世界遺産に登録されている五台山の山岳寺院やチベット自治区にあるトゥルナン寺など歴史的に重要な文化財が保護されている。観光資源としての活用もなされている。

第7章　神道の基礎知識

第1節　神道の概要について

神道は，一般的に日本の民族宗教と言われている。創始者はなく，その起源ははっきりとしていない。現存する史料によれば，弥生時代の人々の営みにはすでに神道の神祭りに通ずる要素がみられる。ヒンドゥー教同様，自然物やその力そのものを神格化して，人から見て強いと感じるものを畏れ敬い，カミ（神）として崇拝の対象とした。特に日本では自然と共存して生きることが重要視されており，**八百万の神々**への信仰がみられる。

3世紀頃に著された『三国志』の記述によれば，土器の文様には神社建築の原型がみえ，銅鏡や勾玉などを使用する宗教的儀礼が行われていたようである。5世紀頃になるとさらに複数の祭具が用いられていたこと，すでに中国から儒教などの外来宗教も伝来していたことが分かる。当初儒教は一部の豪族などに政治思想として伝わる程度であり，亀の甲羅等を使用する占術用の道具が用いられたり，遁甲方術等，道教経由の文化が流入した形跡が強いことが知られる。

大和朝廷が誕生する頃には，仏教が外来の宗教として大きな影響を与えた。仏教の伝来は，538年に百済より倭国の欽明天皇に仏像などが贈られたことに端を発する。すでに八百万の神々が存在する日本において，仏は外来神（蕃神（ばんしん））として受け入れられた。こうして仏を神として受容したことからも，神仏習合の萌芽はすでに古代からみられる。

仏教も当初は，外来宗教として中央豪族らを中心に信仰されていく。仏教の流入によって，中国で儒教や道教の組織化が進んだのと同様，神道の思想の体系化や神社などの宗教施設の設置，宮寺制度などの組織化が促進された。

『**古事記**』や『**日本書紀**』といった神話的歴史書が編纂されて，神々の系譜が再構成され，聖典・教典の類の源泉となる。中国における天命思想の影響を受けて，日本においては皇統を一本化し，天皇は最高神らの系統につながるものと位置付けられた。こうして天照大神（あまてらすおおみかみ）等から神武天皇までの神々が国造りなどを行う神代の時代と，それ以降の天皇を中心とした統治が行われる人代の時代の系譜が整備された。こうして神道は中国の伝統思想の影響を強く受けながら，独自の世界観を形成していくことになる。

例えば，従来神道では自然現象や自然そのものを神と祀ると同時に，死んだ祖先もまた神になると信じられ，家族や氏族の祖先を祀って供養する祖先崇拝がある。死者の霊は，祖霊として山や森などに一定期間とどまった後，里に降りてきて子孫に幸福や利益をもたらすとされる。死者の霊はやがて単なる祖霊から祖先神として神と同一視されていく（田の神や山の神といった土着の神と同一視されて信仰対象となっていく）。最終的には人を神々と同一とみる観点から，日本古来の通過儀礼などは形成されている。初七日や三十三回忌といった死後の供養の期間が定められているのもこうした背景による。

特に著名な人物・英雄を祀るケースが数多く見受けられる。今では学問の神様として知られる菅原道真を祀る太宰府天満宮などが代表的である。政治の舞台から左遷されたことから，都に祟りをもたらす怨霊とならないように，怒りを鎮めるため太宰府や京都の北野天満宮に祀られている。菅原道真は怨霊となる可能性のある御霊として後に天神に神格化した存在であり，菅原道真を天神として信仰することを天神信仰と呼ぶ。政治の中枢にいた要人などはその影響力から死後に通常の祖霊以上に力をもつ御霊となると考えられていた。御霊は在命時の恨みから怨霊として人々に災いをもたらすものと捉えられ，怨霊を鎮めるために祀るようになる。こうした怨霊の祟りを恐れて災禍をまぬがれるために御霊を祀る信仰を御霊信仰と呼ぶ。

奈良時代の頃より，政治的に失脚して非業の死を遂げたものが怨霊となって社会に不利益を与えるといった考え方は存在していた。早期に怨霊となった人物としては早良親王が有名であるが，祟りを恐れた桓武天皇は早良親王に対し，崇道（すどう）天皇と諡号（しごう）を追号している。こうした御霊の恨み等を鎮めるために行われる儀礼等を**御霊会**（ごりょうえ）と呼び，次第に疫病などが流行ると疫神の怒りを収束させる

図 7–1　稲荷神社に祀られる狐たち　神社に祀られているのは狐だが，本来狐は稲荷神の使いである。のちに稲荷神と同一視されるようになった。

ための御霊会等が行われるようになる。特に疫病を流行らせる牛頭天王(ごずてんのう)を慰めて疫病を防ごうとする信仰を祇園信仰と呼ぶ。

それ以外の人物として，戦国武将等を祀る神社は数多い。織田信長を祀る建勲(たけいさお)神社をはじめ，豊臣秀吉を祀る豊国神社（通称「ほうこくさん」とも呼ばれる），徳川家康を祀る日光東照宮が有名である。

1868 年に創建された靖国神社は，明治維新を成し遂げるために戦って命を落とした戊辰戦争以来の戦死者などを祀っている社である。靖国＝国家の平和を願う名として 1879 年につけられた。国家のために殉死した者などを漸次祀っており，その数は現在 240 万柱以上にのぼる（日本では神々を 1 柱，2 柱 ... と数え上げる）。

明治期に創建された神社としては，桓武天皇を祭神とする平安神宮等がある。明治神宮の祭神は，明治天皇とその后であった昭憲皇太后である。西郷隆盛を祀った南洲神社，東郷平八郎を祀った東郷神社，乃木希典を祀る乃木神社など近代に創建された神社も複数存在する。

第二次世界大戦後，1945 年に神社の国家管理を禁じた神道指令によって神祇院が廃止された。これに伴い，1946 年に全国の神社や神職などの神社関係者を統括する団体として神社本庁が組織された。神社本庁は，宗教法人として設立されて東京渋谷区代々木の明治神宮に隣接した地を拠点にしている。現在，約８万社ある全国の神社を統括している。

ただし，靖国神社や伏見稲荷大社など神社本庁に所属していない神社もあり，また国外の神社は管轄していない。伏見稲荷大社はその名の通り，稲荷神を祀る稲荷信仰の中心地である。稲荷神は日本古来の神であり，穀物や農業の神を指していたが，のちに商業の神様として信仰されるようになった。稲荷信仰をはじめ，日本では神の使いや化身として，蛇やイノシシなどの動物を崇拝する傾向もある。こうした生物や無機物に霊魂が宿っているとする考え方をアニミズムと呼ぶ。

第２節　神道の形成過程について

日本の神道は『古事記』や『日本書紀』に記された日本神話を基礎とする。いわゆる記紀神話として両書には神代についての記載があるが，記紀神話に共通しているのは天照大神（『古事記』では天照大御神と表記される）の重要性である。『古事記』では，天照大御神は，三貴子（さんきし）の第一として誕生し，神々の世界である高天原（たかまがはら）の主宰神でありながら人間の住む葦原中国（あしはらのなかつくに）の至高神としても君臨する。天上で光り輝く日の神であり，地上に五穀豊穣の恵みをもたらす神である。

これに対し『日本書紀』では，天照大神は天上天下すなわち高天原と葦原中国の主宰神として誕生したとされる。後代になると『日本書紀』を根拠に天照大神が皇祖として皇室が祀るべき神とされ，他の神々は天照大神の子ないし臣下とみなされるようにもなった。天照大神は稲作の道を司る神であり，人々に正しき道（＝人道）を示す神として祀られる。今日でも伊勢神宮などで行われる神嘗祭（かんなめさい）で稲が奉納されるのはこの所以である。

このように『古事記』『日本書紀』には記述の異同が存在する。『古事記』では，天照大御神を含めた造化三神が現れて天地開闢（かいびゃく）がなされたが，『日本書紀』によればこの世は鶏卵のように澄んで明るい部分と重く濁った部分があり，澄んで明るい部分は集まりやすかったが，重く濁った部分は固まりにくかったので，初めに天が生じ，次に地が定まった後に，神々が生まれたとする。

『古事記』では天地開闢の後，日本の国土や多くの神々を生んだのは，伊邪那岐命（イザナギノミコト）と伊邪那美命（イザナミノミコト）の兄妹神とされる。2柱の名に「命」とつくのは，「漂っている土地を整え固めて完成するように」という命令（命）を受けているためである（ただし，『日本書紀』においては，伊邪那岐命と伊邪那美命によって，天照大神，月読命，須佐之男命といった三貴子が生まれたとあり，記紀の内容は要所ごとに異なる）。

『古事記』においては，日本の国土を完成させるため，伊邪那岐命と伊邪那美命の二神が天の浮橋にたち，神々から授かった矛を海に下ろしてかき混ぜて引き上げたとされる。そうしてできた島に二神は降り立ち，結婚した。次に，淡路島を始めとする14の島や国土の上にさまざまな文化神や自然神を生んだが，最後に火の神を生んだことで伊邪那美命が亡くなり，死者がいる黄泉の国に赴く。

伊邪那美命を追って黄泉の国に赴いた伊邪那岐命は，伊邪那美命を連れて帰ろうとするが，伊邪那美命は黄泉の国で煮炊きしたものを口にしていたために帰ることができなくなっていた。そこで伊邪那美命は黄泉の神と相談し終わるまで自分を見るなと伊邪那岐命に告げる。ところが待ちかねた伊邪那岐命は伊邪那美命の言いつけを破り，その姿を覗き見てしまう。そこには伊邪那美命の屍にたかるウジや八雷神といったおぞましい光景が広がっており，伊邪那岐命は黄泉の国から伊邪那美命を残して地上に戻ろうとする。伊邪那岐命の所業を知った伊邪那美命は，伊邪那岐命を追いかけるが，伊邪那岐命は黄泉の国からの追手がやってこないように黄泉の国と地上との間に大きな岩を挟んで岩越しに伊邪那美命に離縁を申し渡す。

これに対して，伊邪那美命が「私はあなたの国の人間を1日に千人殺そう」と言い，伊邪那岐命は「私は1日に千五百の産屋を建てよう」といい，こうして生者と死者の国の区別が生まれたとされる。伊邪那岐命は地上に戻ると，筑紫の日向の橋で穢れを払うために禊を行なった。こうして左目を洗ったときに天照大神が，右目を洗ったときに月読命が，鼻を洗ったときに須佐之男命が生まれた（この三神を三貴子と呼ぶ）とされる。

伊邪那岐命は，天照大神に高天原を，月読命に夜の国を，須佐之男命に海原を治めるように言いつけるが，須佐之男命だけは亡き母のいる黄泉の国に行くことを望み，伊邪那岐命は須佐之男命を追放する。須佐之男命は高天原を去る前に天照大神の元に挨拶にいくが，須佐之男命の形相があまりに荒々しかったため，天照大神は須佐之男命が高天原を奪おうとしていると思いこみ男装して待ち受ける。このとき誓約を取り決めるのだが，須佐之男命が乱暴狼藉を働いたため，高天原の秩序が崩れ，恐れをなした天照大神が天の岩屋にこもり，高天原と葦原中国は闇に包まれることになる。

岩屋にこもった天照大神をまねきだすために，神々は祭儀や祈禱，歌舞を舞い，祝詞を唱え，あらゆる手段を講じる。ある神が桶を伏せてその上で踏み鳴らしながら踊ると，その様子を不思議に思った天照大神が岩屋の戸をわずかばかりに開けたので，天手力男神（あめのたぢからお）が天照大神の手を取って外に連れ出す。これによって再び高天原や葦原中国に光と天地の秩序が戻ったとされる。

また，高天原を追われた須佐之男命は，出雲に辿り着いた後に結婚をして子をもうけたり，大蛇ヤマタノオロチを退治する話などで活躍する。この須佐之男命の6代先に生まれたのが大国主神（おおくにぬしのかみ）である。大国主神は多くの兄弟がいたが，その名の通りに葦原中国を治める主として活躍する。須勢理毘売命（すせりびめのみこと）との結婚の際に須佐之男命から試練を与えられたが，妻の助けを借りて克服し，須佐之男命の所有する宗教，軍事，政治のシンボル（三種の神器）を譲り受けた。

大国主神は少名毘古那神（すくなびこなのかみ）と協力して，葦原中国に住まう荒ぶる神々を統率し，最終的に天照大神の御子である天忍穂耳命（あめのおしほみみのみこと）に国譲りを行う。こうして高天原と葦原中国が一体となり，神道と人道が一つとなる機会が訪れた。しかし天忍穂耳命が天降る身支度をしている間に二人の御子が生まれたので，最終的に瓊瓊杵命（ににぎのみこと）が天孫降臨することになる。瓊瓊杵命の名は，稲穂が賑々しく豊かに実るという意味である。

瓊瓊杵命は，山の神の娘である木花之佐久夜毘売（このはなさくやひめ）と結ばれ，海幸彦，山幸彦が生まれる。海幸彦と山幸彦は兄弟で争った末，兄の海幸彦が弟の山幸彦に降服する話で知られる。この兄弟のうち，海幸彦（火遠理命（ほおりのみこと））が豊玉毘売と結婚して子をもうける。この子と豊玉毘売の妹である玉依毘売が結婚し，神倭伊波礼毘古命（かむやまといわれびこのみこと）＝神武天皇が誕生，天皇として即位して神話の時代が終わり，人皇の時代へと移ることになる。

こうして神道では記紀神話に登場する神々がゆかりの地で祀られる。偶像崇拝に関する規定は特に存在せず，神像を祀る地域もあるが，基本的に神像や図像（御神影）は積極的に作成されることはない。元々，神々はすがたかたちのないもの（隠身）と考えられるためである。

第3節　古代の神道の特徴について

神道という宗教は，日本の歴史とともにその形を変えてきた。古代の神道は中央の朝廷との関わりが強い。天武天皇，持統天皇の時代になると，朝廷では中国の律令（特に祠令）に基づいて日本独自の律令が制定された。中国では天を祀る郊祀や皇帝の祖先を敬う宗廟を骨子としているが，日本では稲の豊作を願う春の祈年祭，収穫を祝う冬の**大嘗祭**（だいじょうさい），新嘗祭といった農耕祭祀が制度の軸にある。これは日本では稲を作ること＝人道であることを受けている。

また，祭祀の対象となる神々は，祈年祭のように全国2861社に対象が及ぶ事例もあるが，多くの祭祀は天皇の祖に当たる天照大神を祀る伊勢神宮と，律令制定期に宮都のあった大和盆地に鎮座する神社の神々が対象である。これは氏族の祖神と地域の神を重んずる傾向を反映したものである。仏教行事である盂蘭盆会や灌仏会も宮中行事として先祖供養と結びついて行われていた。

同時に，現在まで続く，天皇が即位後すぐに行う大嘗祭や，伊勢神宮式年遷宮の儀式が制度化され，そのほかの祭祀についても整備された。伊勢神宮式年遷宮は，天武天皇の発意により定められ，690年に内宮で第一回の遷宮が行われた。古代の創建された代表的な神社としては伊勢神宮や出雲大社，熱田神宮等がある。

遷宮は，神々の住まいを定期的に移すことによって，その神聖性を保つために行われる。定期的な遷宮によって，神道の儀式や技術が廃れることなく継承されるといった意味合いもある。伊勢神宮における遷宮は，20年ごとに垣に囲まれた神宮内の内宮と外宮で宝物類を入れ替える儀式である。天照大神の天の岩屋こもりの神話に基づき，雄鳥の鳴き声をまねるなどの作法がある。

そもそも伊勢神宮は，天照大神を祀る最大の社であり，皇族の女性の中から選ばれた斎宮という公職が，聖職者として天照大神を祀る日常的儀式を行ってきた。斎宮は託宣により天皇の未婚の娘（もし娘がいなければ姪などの女性親

図7–2　神社の境内にある狛犬　神社の境内で見かける狛犬は神の使い（神使）。対となっているが，無角で口を開ける獅子と有角で口を閉じている狛犬の組み合わせである。

族）が選ばれた。斎宮職は独身の女性にしか許されず，その務めについては，次第に『延喜式』などで成文化されることになる。実際に務めを果たす前から，特別な斎戒が実施された。

まず斎宮に選ばれた女性は，清めと禁欲（精進潔斎）を実行するために，宮殿の中に設けられた離れにおいて世俗から隔離された生活を1年間過ごすことになる。京都での潔斎が終わると伊勢へと赴くことになるが，斎宮は道すがら通る川々において歩みを止めて儀式的浄めを行いながら伊勢に向かう。斎宮という公職につくと，彼女の父親である天皇が崩御するか天皇位を退くまでその職を辞することは許されず移動の制限もあった。伊勢から京都に戻ることが許されるのは，親の病気などに限られていたが，次第に天皇の権威が低下することにより，斎宮職の規模も縮小していく。

794年の平安遷都の頃には，葵祭（賀茂祭）を取り仕切る賀茂御祖神社（下鴨神社），賀茂別雷神社（上賀茂社）は平安京の鬼門を守る場所として，天皇から神に供える品である幣帛（へいはく）が奉られるようになったとみられる。祭祀にあたり，京の中心部から神社に赴く祭使の行列は平安時代の人々の注目を集めた。10世紀頃になると，主に国家祭祀が行われる神社は，伊勢神宮を筆頭に「十六社」と総称されるようになった。天神（菅原道真）や牛頭天王など新たに京の人々の関心を集めた神社などを取り込む形で11世紀半ばまで漸増し，結果二十二社としてまとまった。

やがて春日祭のように，天皇の近縁氏族の氏神に対する祭祀が盛んに行われるようになる。幣帛の拠出元が朝廷からということもあり，天皇の意思を反映した朝廷祭祀が確立した。朝廷の命により，諸国の官社の祝部（はふりべ）たちが集められて弊帛を分かち与える班幣の儀礼が行われるようになる。臨時の幣帛奉献も頻繁に行われるが，その対象となる神社は限られていた。

平安後期になると，本宮，新宮，那智からなる熊野三山を浄土に見立てて詣でる熊野信仰なども台頭した。神仏習合の結果，三山それぞれに阿弥陀如来，薬師如来，観音菩薩を権現とし，救済願望に応える神々も同時に信仰されることとなる。熊野には京都から多くの参詣者が訪れることとなり，徒歩で参詣することが習わしとされ，参詣には水辺での禊が条件とされた。清水寺や長谷寺といった観音霊場への参詣にも心身を清める潔斎が必要とされ，もし近親者に死人が出るなどの穢が発生すると参詣自体が中止された。

古代には神祇官という役所があり，次第に官社制度が整えられた。官社とは，祈年祭（としごいのまつり），月次祭（つきなみのまつり），新嘗祭（にいなめさい）などを行なっていた神社のことで，官社帳もしくは神名帳といった神社の名簿に登録された。現存する神名帳のもっとも古いものは10世紀前半の律令の施行細則である。格式（＝法令に相当）である『延喜式』に盛り込まれ，そこに記載がある神社を式内社と呼ぶ。

各国の神社の祭神を集めて祀った神社を「一宮」として認めたのも平安時代のことである。神社に祀られている神を祭神と呼ぶが，1神社1柱とは限らず，複数の祭神を祀る神社が多い。ただし，諸国神社の代表としての「一宮」は，朝廷の祭祀などでは神事上重要視されたが，呼称使用は限定的であった。本格的な神社の展開は鎌倉時代以降である。

第4節　中近世の神道の特徴について

鎌倉時代に入ると，源頼朝が清和源氏の氏神である八幡神を京都の石清水八幡宮から勧請し，幕府の守護社として鶴岡八幡宮を創始した。幕府から所領を与えられた御家人たちも同様に八幡神を領内に祀ったため八幡信仰が各地に広がった。

地方においては，各国の土地が有力社寺の荘園となることも多く，その際に本社が分祀された。室町時代になると，武士や荘園領主だけでなく，村落の農民も祭祀組織である宮座を組織し，地域の守り神を祀るようになる。その際すでに存在している伊勢や稲荷，天神といった神々が勧請された。特に伊勢は古来皇室の祖先を祀る宮として一般人が神に幣帛を捧げる奉幣が許されていなかったが，中世の頃に御師（下級神職）の活躍により庶民にも信仰が広がった。日本各地に八幡神社や稲荷神社が多い理由は，中世のこうした状況に由来するものである。勧請された神々は，共同体の繁栄を願う農耕神としてだけでなく，特定の霊威や功徳が強調され，現世利益を願う個人の祈禱を受け入れていくこととなる。

鎌倉時代には，**本地垂迹**（ほんじすいじゃく）説が確立して，神仏習合が一つの完成形を迎えることとなる。本地垂迹とは，本地＝本体とし，垂迹＝その本体が人々を救済するために具体的な姿をとってこの世に出現することを指す。この時代，日本では本地が仏，垂迹を神々とした。こうして神々と仏の関係は，仏の化身として神々がこの世に存在するといった形で理解され，末法の世に仏や神々が顕現して人々を救うといった末法思想と深く結びつくこととなる。この世の果てにある小さな国（粟散辺土（そくさんへんど））である日本だからこそ多くの神仏が人々を救うために現われるという粟散辺土説といった世界観も生まれてくる。こうした神仏習合の世界が長期にわたって続くこととなる。

神仏習合が一般化する一方，仏教のように神道を一つの教理として理解しようという潮流が生まれた。天皇家の祖神である天照大神を祀る伊勢神宮の内宮と天照大神への食物を司る豊受大神（とようけおおみかみ）を祀る伊勢神宮の外宮を，それぞれ密教の世界観である胎蔵界の大日如来と金剛界の大日如来になぞらえた。この伊勢神宮の解釈を両部神道と呼ぶ。

その影響下で，伊勢神宮内から独自の神道説が登場することになる。外宮の祭官の度会（わたらい）氏などを中心として伊勢神道（＝外宮神道，度会神道）が成立した。両部神道の系譜は，内宮より外宮が格下であるとみなされて，外宮の権禰宜（ごんねぎ）を中心として本来食物を施す側の豊受大神の重要性が強調された。伊勢神道は，仏教的儀礼を極力排除するとともに陰陽五行説や老荘思想を取り入れて伊勢神宮の由緒を説き，祭祀者は清浄・正直の心をもって一心不乱に祈ることが重要だとした。伊勢神道の教理は，神道5部書が著されて体系化された。5部書とは，『伊勢二所皇太神宮御鎮座伝記』『天照坐（あまてらします）伊勢二所皇太神宮御鎮座次第記』

『豊受皇太神宮御鎮座本紀』『造伊勢二所太神宮宝基本紀』『倭姫命世記』の5つである。

南北朝時代になると北畠親房（1293-1354）によって，『神皇正統記』が著された。この著作の中で「日本は神の国（神国）である」という記述がみられ，天の先祖である国常立尊が基礎を築いた上で，天照大神がその地を未来永劫支配するよう自らの子孫に残したとされる。蒙古襲来の際に，神風が吹いて外国の脅威をしりぞけたとする考え方も日本は神的に守護された国であるとする神国思想に由来するものである。皇室は神代の時代から継続し，不壊なる系譜であるとされた。天皇の権威は三種の神器によって象徴される。鏡は真実を，曲玉は慈悲を，剣は勇気を示すとされる。

室町時代になると，神祇官人である吉田社の神職であった吉田兼倶（1435-1511）が吉田神道を創始した。兼倶は，儒教，道教，仏教が究極的には一つであると説き，応仁の乱による混乱した社会の中で，祓（はらい）が人々の不安を取り除くものとして，朝廷や幕府の要人に対し，「反本地垂迹説」の理論などを説いた。反本地垂迹説とは，神道はあらゆる真理の根幹をなす木の根や幹であり，儒教は枝葉，仏教は木の実であるとする考え方である。兼倶の活動によって，神道の祈禱儀礼が体系化されて全国の神職が共通の儀礼を行えるようになった。

中世以降は，朝廷から武家へと政治機能が移行していくこととなる。戦国時代に入ると織田信長が天下布武の思想を展開するが，これはすでに述べた中国の天命思想を基本とするものである。天下（天の支配する範囲を前提とする）を治める者として，織田信長は自らを天下人と称した。戦国時代は，天下統一を名目として戦国武将たちが覇権を争った時代だったが，織田信長が長期にわたり本願寺教団などの宗教勢力と対立したように，天下をめぐる争いは武家間にとどまらなかった。例えば本願寺では，宗主を生身仏とし，国土を仏の支配する地と考える仏法優位の思想を有していたためである。

こうした対立の中，宣教師たちの活動により新たにキリスト教が日本に入ってくる。信長は積極的に南蛮文化を取り入れたことで知られるが，宣教師たちの布教保護を認めたのは既存の仏教教団への牽制の意味もあったと考えられる。西国大名のキリスト教への改宗も起きたが，その目的は信仰心というよりも外交・貿易面の利益の享受にあったとみる向きが強い。

キリスト教の受容については，かつて仏教が日本に伝来した時と同様，ヤハウェは外来の神＝蕃神として受容された。これによって神概念の理解自体は進んだが，唯一神であるヤハウェが，複数の神々の一つと誤解されることもあったようである。聖書の日本語訳に際しても，仏教用語が訳語にあてられ，原語の意味と異なって受けとられるなど，布教活動にはいくつかの障壁があったと考えられる。

やがて，天命を受けた天下人による天下統一が果たされ，一神教であるキリスト教の教義は豊臣秀吉のバテレン追放令などによって駆逐されていく。秀吉自身も自らを天下人として，死後の神格化および八幡の神号を望んだ。このように，強大な影響力をもつ仏教教団やキリスト教の受容等が進んだ時代の中でも，中国由来の天命思想が思想の中心にあり，儒仏道の教えが政治の中枢で機能していたことが知られる。こうして，江戸時代に入ると徳川家康の天下統一から家康自身の神格化も行われることとなる。家康は死後，日光の地で東照大権現の神号が与えられて，代々の将軍の権威ともなっていく。

また，江戸時代初期にはキリスト教や仏教の一部に対する宗教弾圧も存在した。仏教では日蓮宗の不受不施派などを弾圧する一方，庶民に特定の寺院（檀那寺）に所属させてキリシタンでないことを証明させた。いわゆる寺檀制度の成立である。このキリシタンでないことを証明する証明書（寺請証文）を発行する寺院は経済的安定を得ることになる。所属している寺院によって葬式が執り行われることにもなり，葬式仏教などと揶揄される流れを作ることにもなった。

寺院を中心に庶民の管理を行いながら，江戸幕府は諸藩の神社の社領地を保護する一方，神社や神職に対しては諸社禰宜神主法度（神社条目）を出して統制した。諸社禰宜神主法度は五ヶ条からなり，神職の責務や装束について定められたものである。神職も登録制となり，吉田神道の系譜に一定の神職の管理が委ねられたが，当時から出雲大社など独立した神社も存在した。

応仁の乱以降中断されていた宮中大嘗祭や新嘗祭，伊勢神宮の式年遷宮，賀茂祭（葵祭）等の神社の祭や，主要な神社への天皇の命により幣帛を奉る奉幣も幕府の支援を受けて復興していった。徳川家康は死後，天台宗の山王一実神道により，日光東照宮に祀られたが，東照宮へも朝廷から例幣使が派遣されている。

そして江戸時代になると，都市部では，大規模な山車や屋台が出て多くの見物客が集まる祭礼が行われるようになった。神田祭・山王祭（江戸）や祇園祭（京都）をはじめとして，地方の城下町でも盛んとなった。これらの祭礼は高山祭（岐阜）や祇園山笠行事（福岡）などを含め，現在も継続しているものが多い。

祭礼とともに，諸国の社寺も行楽地として多くの参詣者で賑わった。当時は移動の自由が制限されていたが，病気療養などを理由に旅行に出かけることは許されており，寺社仏閣に参詣することは数少ない外出の機会の一つであった。伊勢神宮や富士山などの遠隔地への参詣には講が組織された。講とは，メンバーである講員が旅費を積み立て，籤で選ばれた代表者がその旅費をもらって御師の案内で神社等に参拝する相互扶助の仕組みである。

特に伊勢神宮参拝は盛んで，時には数百万人の規模で参拝者が集まるおかげ参りや正式な許可を受けずに伊勢に旅立つ抜け参りなども行われた。富士講では，富士山への信仰とともに各地に富士山を模した富士塚が作られた。女性は伝統的に聖なる山に登ることが許されなかったが，数例ではあるが，女性も富士山巡礼に参加した記録が残るほど当時の隆盛が知られる。

また，伊勢信仰の他にも稲荷（農耕神，商業神），天神（学問の神），愛宕や秋葉（火除けの神），恵比須（商業神，漁業神）などの特定の神徳をもつ神への現世利益を求める信仰も盛んになった。雛祭りや端午の節句，七夕といった年中行事が現在につながるような形式で定着したのも近世である。正月にその年に縁起の良いとされた方角の社寺に参拝する恵方参りの風習は，現在は恵方巻を食する文化へとつながっている。

さらに江戸時代には，庶民の生活の中に神道由来の文化が育まれるとともに，神道の思想は儒学や国学により体系化されていくこととなる。徳川家康によって儒学の中でも朱子学が官学化された。朱子学への理解が進展したが，他方日本＝神国とみる神国思想と朱子学は相入れることがなく，日本独自の朱子学が模索されることになる。こうして御用学者として，儒学者の多くが神道と儒学の一致を説いた。林羅山（1583–1657）の理当心地神道や山崎安斎（1619–1682）の垂加神道等が該当する。この他，熊沢藩山（1619–1691）による排仏論，山鹿素行（1622–1685）による君臣論などが台頭し，武士の理想的な生き方が模索されるようになった。

そして従来の儒教や仏教の古典に依拠するのではなく，文献考証による古典研究によって，古代の日本文化や精神を読み解こうとする国学が台頭してくる。国学運動は京都の伏見稲荷の頂点に位置する祀官であった荷田春満（1669–1736）から始まるとされる。彼は日本の古典文学を深く学び，古代の日本文学を専門的に研究するべきであると主張した。彼の弟子である賀茂真淵（1697–1769）は，『万葉集』の中に「益荒男（ますらお）ぶり」の精神を見出し，男らしさ・率直さ等を示すこの精神を日本人本来の感性であると尊重した。

そして賀茂真淵の弟子である本居宣長（1730–1801）は，『古事記』の解読に長い年月を費やし，『古事記伝』を著した。門下の小沼幸彦（1746–1822）はこれに基づいて『神代系図』を上梓した。これによって『古事記』に記された神々の系譜が整備されて，『日本書紀』に記された神代の系譜との相違が鮮明となった。度会神道などが『日本書紀』由来の旧来の系譜を重視するのに対し，本居宣長はその姿勢を強く批判している。

そして本居宣長の死後，弟子筋にあたる平田篤胤（1776–1843）が，独自の神学論を展開した。『古事記』に登場する天御中主（あめのみなかぬし）を聖書に登場する神（ゴッド）に他ならないとしている。日本は天の神々によって生み出された国であり，神々の母国こそが日本であるという自説も展開した。篤胤の門人は少数であったが，彼の養子の代には3700人以上の支持者をもつ大規模な思想集団を形成したとされる。

江戸時代の国学者たちは，日本古来の文献とされる『古事記』，『日本書紀』，『万葉集』等を研究し，門人を組織して書籍を出版して知識の普及に努めた。彼らの主張は神祇信仰を研究の重点においている点では共通している。この古来のものを良しとする復古神道は，天皇を尊重する「尊皇」と外敵である夷狄を攘（はら）う「攘夷」の活動，ひいては明治初期の維新政府の政策にも影響を与えることとなる。

そして，幕末から明治期になると，社会情勢の混乱から複数の民衆宗教が登場することになる。病気治しを行う黒住教や中山みき（1798–1887）を創始者とする天理教，創始者赤沢文治（1814–1883）を神の言葉を受け取る取り次ぎ（金神）として尊崇する金光教などが生まれ，人々の現世利益を求める機運がさらに高まったことが知られる。

第5節　近現代の神道の特徴について

近代から現代にいたる神道の歴史は，明治維新と第2次世界大戦における日本の敗戦という歴史上の大きな転換点と深く関わっている。1867年に「王政復古の大号令」が発せられた後，神社等に関しては1868年に神仏判然令が発布された。祭政一致の制度を復活させて，天下の諸神社は神祇官と呼ばれる官庁に所属するべきといった発表があって，吉田家や白河家による神社・神職管理からの変化が起きる。明治政府は神仏習合状態を解消しようと神仏分離を行い，この結果神社と寺院，神職と僧侶を明確に区別するようになった。

ついで神仏分離令が出されたため，諸国神社の別当・社僧の復飾の令が発表された。復飾とは僧侶が僧籍を捨てて世俗に戻るといういわゆる還俗を指す言葉である。これによって別当・社僧と呼ばれる神社に関係した僧侶の一部が還俗して神職となった。長きにわたって習合してきた神道と仏教のありさまや神仏の関係性が抜本的に見直された。従来の本地垂迹説の解消により，多くの神社に安置されていた仏像は仏教寺院に移動されたが，中にはそれらの仏像や仏画を破壊する廃仏毀釈（はいぶつきしゃく）運動なども一定数起こった。明治政府は当初，神道による国民教化を目指したが，神道を国教と定めることはなく，神棚の設置などが国民の義務となるようなことはなかった。

その後，大教院の設立などにより宗教の教導職指導のための中央機関が設けられたが，森有礼（1847–1889）などの異議申し立てや神道・仏教双方の足並みが揃わず，結果として1875年に大教院は廃止となる。他方で神社は国家の宗祀とする太政官布告が発せられるなど，従来の神職の世襲を廃して，国家管理の下で改めて人材を精選した上で各社へ神職を任命する形が採用されることとなった。

こうして明治期以降，古代の官社制度にならい，官幣社，国幣社といった神社の格式にあたる社格を用いて神社の管理を行なった。祭祀および行事作法の次第，宮司や禰宜，社司，社掌と呼ばれる神職の位階制度などもあわせて法令で規定された。あくまで明治政府は政教分離の国として国家運営を想定し，神道は神社単位で管理されることとなった。1882年の神官教導職の分離が起こり，結果として政府から非宗教とされた神社と，政府から公認された教派神道に分かれた。したがって，神道的な宗教教化はこれ以後，教派神道によって担われることになった。神道教派は最終的に13派が公認されたので，神道十三派と呼ばれる。明治以降に登場した黒住教，金光教，天理教なども含まれていた（また，神仏習合的な様相は，修験道等との関係が深い神社や寺院において存続していく）。

国家神道については，1889年に発布された大日本帝国憲法（通称明治憲法）の条文を根拠とするものである。明治憲法の第一条や第三条は，天皇の神性を強調する文言となっている。明治憲法の第二十八条には，信教の自由に関する文言が存在するが，臣民としての義務に背かない範囲での制限された自由であった。つまり，何らかの宗教を信じることが神聖な天皇に対して不敬である場合，不敬罪などの罪に問うことが可能とする内容である。また，教育に対する天皇の勅令である教育勅語が発布され，勅語の写しはすべての学校に配布された。こうして国民全員が天皇へ最大の敬意を払うことを基礎とする国家神道の礎が築かれることになる。

こうした動きは，キリスト教徒であった内村鑑三（1861-1930）の不敬事件等を引き起こし，1899年に政府が公式にキリスト教を公認する法令を発布するに至っている。こうした経緯を経て，天皇を中心とした明治政府主導の日本で仏教，教派神道，キリスト教などは公認宗教となっていく。また，神社を管掌する行政機関としては1968年に神祇事務科（翌月に神祇事務局と改称）が設置され，神祇官・神祇省を経て，神社を含めた神仏各宗派を統一的に管掌する教部省が設置されるに至った。神職はすべて教導職とみなされて，国民強化運動へ従事させられることとなった。しかし，神仏合同布教の失敗から，1877年に同省は廃止となり内務省社寺局に移管，1900年に神社のみを管轄する内務省神社局と仏教や教派神道などを管轄する宗教局に分立した。

宗教局はその後，1913年に文部省へと移管されるなどを経て，1940年までは神社局が各宗教・宗派を管轄することになった。こうして戦前の神社は国家の管理下に置かれたが，国庫からの補助金や大規模な官社と異なり地方官の管轄する府県社等の諸社に対する公的援助は十分でなく，大半の神社が各自の祈禱や祭典費などによって運営を維持する状況にあった。

そして，明治末期から大正初期にかけて内務省および各府県の主導によって神社の合併，移転，統廃合が推進された。複数の神社が合併し，祭神を複数合わせ祀る一社になるため，これを神社合祀と称する。これにより，わずか10年余りで全国各地の約7万3000社が合祀および廃祀となった。神社の絶対数が減少することで，神道自体の影響力も変化していくことになる。

こうした国家主導の国家神道や教派神道が形成されていく中，神道に基づいた新興宗教も新たに登場することになった。1899年には癒しを行う出口ナオ（1837–1918）とその義理の息子である出口王仁三郎（1871–1948）によって大本教が設立された。国家神道を否定的に捉える教義ゆえに迫害を受けるが，それによって教団の規模が拡大化していった。さらに，生長の家や世界救世教といった新たな宗教集団を生み出すことになる。

1930年代に入ると，こうした新興宗教の隆盛の一方，国家自体が全体主義へと傾倒していくことになる。軍部が政治を担うようになり，1940年代に入ると国家神道の促進のため，神社局は神祇院と名前を改めた。国家神道は国家的な信仰のプロパガンダとして用いられ，日の丸の掲揚や「神風」の名を特攻隊に採用すること等が行われた。

1945年8月のポツダム宣言の受諾に伴う終戦から，神社に対する行政上の取り扱いも大きく変化した。同年12月にはGHQによりいわゆる神道指令が発せられる。1946年に天皇人間宣言も発布されて，神聖なる現人神であった天皇の存在は「象徴」という言葉で日本国憲法にも表現されることになった。神祇院も1946年をもって廃止され，国家神道に終止符が打たれることで神社と国家との分離が決定的となった。新たな神社の包括組織である宗教法人神社本庁が発足し，各神社は宗教法人となって現在に至っている。

神社本庁は現在，法人化されている神社神道系の神社の約97%にあたる約7万9000社を包括するが，一方で神社本庁に所属しない，単立神社と呼ばれる神社もある。また，神社本庁は全国47都道府県に神社庁を称する出先機関をもつほか，神職資格や神職身分を付与しており，生涯学習や神職養成のための各種研修などを行なっている。

第6節　神道の宗教指導者・宗教施設について

いわゆる神職という宗教的指導者が確立されるのは，江戸時代の頃である。1665年に諸社禰宜神主法度が制定され，神職の位階制度や神祇の尊重とともに学問の奨励，装束をはじめとする神祇祭祀の諸般の規定が定められた。これにより，独自の装束着用が禁止され，法令の遵守が求められることとなる。

江戸時代，各地の神職は，認可状である神道裁許状を京都の吉田神社で取得することが義務付けられ，位階制度の遵守が求められた。神職たちは京都で裁許状を受け取り帰路に伊勢神宮に参詣するなどしていた。国学が盛んとなると，伊勢参りとともに国学者本居宣長の門を叩く者も出てきて，神社運営への見直しや批判的な意見も提起されていく。

現状，神社の祭式などを取り仕切る存在を一般的に宮司と呼ぶ。宮司は1社に1人と定められている。宮司以外の神職としては禰宜・権禰宜といった役職がある。神社本庁所管の神社の場合は，神職資格を取得し，宮司に認可されればいわゆる神主になれるので一般人から神主になることも可能である。現在は女性が神職に就くことも許されている。

巫女という存在もあるが，これは古代より神楽を舞ったり，祈禱や卜占を行う者に該当する。神託を得て信徒に助言をしたり，口寄せなどをしていたが，明治以降は神社で神事の奉仕をしたり，主に宮司等を補佐する役割で，原則未婚の女性が務める役割である。

各神社の重要な祭りである例祭や建築に際して行われる地鎮祭など，神職が儀礼の際に神に唱えるものは祝詞と呼はれる。正式参拝といって神殿にあがってお祓いをしてもらった場合，神職が祈願に応じた祝詞を唱えるのが一般的である。祭りによっては祓詞や大祓詞等といった祝詞文は定型化している場合もある。地鎮祭や神葬祭といった個別の依頼によってなされる祭りの場合は，依頼者の事情を考慮した上で相応の祝詞が読み上げられることが多い。

神社の成立年代はさまざまであり，近代に創建された神社としては橿原神宮や明治神宮などが名高い。そもそも「神宮」とは，特定の神社に与えられる号であり，神宮が神社の名称として単独で使われることはない。神宮という号を

図 7–3　明治神宮の鳥居　神社には鳥居が存在する。中央部は神の通り道とされており，拝殿の際には参拝者は端を歩くのが通例。

名乗るには，第二次世界対戦前までは天皇の勅許が必要であったため，名乗れる神社はごく少数である。

伊勢神宮は神宮の代表格であり，天照大御神をまつる内宮と豊受大御神をまつる外宮を含め，全部で 125 の社がある。20 年に一度の式年遷宮の際には，これらすべての社の移し替えが行われる。式年遷宮は 690 年の持統天皇の治世に第一回が行われ，15 世紀後半から 16 世紀後半まで 100 年以上途絶した時期があるものの，今日に至るまで続けられている。神社の建築様式は，仏教の伽藍建築に影響を受けている（ただし，瓦を用いないといった神道独自の特徴もある）。

第 7 節　神道の宗教儀礼について

神道の特徴として，基本的に自然物に対する崇拝が挙げられる。崇拝対象となる自然とは，太陽，海，山といった自然物そのものや雨，雷，風といった自然現象を含む。また鏡や勾玉，剣など神事に用いる道具等も神が宿る対象としている。

宗教儀礼といえば禊や祓が存在する。神々は罪や穢れのないものでそうしたものを忌避する存在である。それゆえ人が神を祀る際などには必ず身を清める禊，祓が必要とされる。もともと罪を取り除くのが祓であり，穢れを除くのが禊であったようだが，奈良時代の頃からそれぞれの言葉の用例は混同している。参拝の前に手水舎で手や口等を清めることは，簡略化された禊の一例である。

神道の祭りでは，神の降臨を願う前に必修祓の行事が執り行われる。神職が祓詞を唱え，大麻を左右左と降って罪や穢を祓って清める。また祭りに奉仕する神職は，厳重な**斎戒**（潔斎）が不可欠とされる。斎戒の斎とは心身の不浄を清める行法のことで，禁忌（タブー）に触れないようにすることを指す。戒とは自分の身の過ちや罪を戒めることである。

斎戒を完遂することで，初めて神の前に出ることが許されると考えられており，酒や肉などの飲食を慎み，また他者の悪口を言わないといった言行などにも気を遣って心身を清める。律令制の中で作られた『神祇令』には以下の「**六色の禁忌**」が記されている。

1. 喪に服すこと
2. 病人を見舞うこと
3. 肉を食べること
4. 裁判に関わること，罪人の刑罰に関わること
5. 音楽を作ること
6. 穢悪に関わること

これらの禁忌は特に致斎と呼ばれ，祭祀を行うべき期間に行ってはいけないこととされている。この他，日本の伝統的な通過儀礼と結びついて神社を訪れることが多い。初宮詣で（初宮参り，産土参り）や七五三，結婚式（神前式）などが挙げられる。初宮詣では，生後30日の子どもを神社に連れていき，神職から祓いを受ける儀礼である。

神前式は，大正天皇の婚礼によって一般的に広まった契機といわれている。三三九度などの祭礼を神々の前で行う。神道式の葬儀である神葬祭を行う人もいる。家庭儀礼については，神棚を祀って神札を納めるのが一般的な習わしで

図 7-4　手水場　神社に参詣すると，参道や社殿の脇などに手水舎が設けられている。中央部分に水をたたえた桶である水盤が存在し，柄杓が置かれている。

ある。神宮から毎年配られる神札は神宮大麻と呼ばれている。各都道府県にある神社庁を通じて氏子の家に配られる。また，八百万の神々に対してさまざまな場面で祈禱を行うことがある。例えば，仕事を始める際に山の神にお神酒を捧げるといったことがある。

神道における代表的な年中行事である祭りは，各地方によって特色がある。例えば，出雲では旧暦の 10 月に全国から神が集まるという神在祭が行われる。そのため旧暦 10 月は出雲では神無月と呼ばず，神在月と呼ぶ。祭りでは神輿が担がれることが多く，神職や氏子が中心となって行われている。祭りで担がれる神輿は，神霊が一時的に鎮座する乗り物とされている。御旅所と呼ばれる目的地あるいは休息地まで御幸（渡御）する際に氏子衆によって担がれるものである。

伝統芸能である神楽なども天の岩戸神話にまつわるものが多く，古く神道の祭りと密接に関わっている。神楽を舞うための神楽殿を有する神社も少なくない。各神社にとって最も重要な日に行われるのが例祭である。現在，人口減少や祭りの担い手不足により，例祭の回数などは減少傾向にある。

結びに代えて

本書は，縁あって勁草書房さんの方からお声がけいただき書籍としてまとまったものである。お話をいただいたとき，正直概説書の類を執筆することは意義あることと思いつつ，躊躇したことを今でも覚えている。

従来，初心者向けの概説書などは，著名な先生方が研究の集大成として上梓するものと思っていた節もあり，若輩者が手を出して良いものか？　と自問自答したところがなかったわけではない。実際すでにそれぞれの宗教を専門とする研究者によって書かれた概説書は存在する。本書はあくまでも概説書であるから真新しい知見が含まれているわけでもない。

しかしながら，グローバル化が進んだ上，世界のどこにいてもさまざまなバックグラウンドをもつ人々と接するのが不可避となった昨今，多くの人が宗教的な素養を持ち合わせておくべきであり，一定の重要性があると思われ，筆をとった次第である。

また昨今，書店の一般書籍の宗教の棚をみると，教養レベルでの宗教の概説書は得てして複数出版されている。ただ，帯に短し襷に長しといった内容が多く，大学生の教養科目の教科書として十分な内容を持ち合わせているかといえば不十分であると考え，今回本書を執筆することにした。いわば，専門書と一般書との橋渡しになるような位置づけであると捉えてほしい。

本書のベースは，筆者が担当する「宗教学」「世界の宗教」といった大学の講義内容にある。したがって，あくまでも宗教について専門的な知識を持ち合わせていない人々向けの内容になっている。伝統的な既存宗教についてオムニバス形式で基礎的な内容を分かりやすく説明したものである。その意味ではできうる限りの説明を行ったつもりであるが，各宗教の表面的な部分を説明したにすぎないことは著者自身がもっとも痛感しているところである。

本書が，宗教に対する理解を深める一助となれば幸いであるとともに，さらなる知識の習得などについては，参考文献等を参考にされることを推奨するものである。読者が本書を一つの手がかりとして，さらに内容を各人で深めてほしいと願い，説明を簡素にしている箇所もある。

同時に，今回紹介した伝統的な既存宗教以外にも，世界には数多くの宗教・宗派が存在している。キリスト教をはじめとする伝統的な宗教が宗派内や他の宗教との宗教間対話を促進する中で，新たに登場してきた新たな宗教群は，その教義そのものに各宗教との融和などが含まれている。インドで発祥したシク教やベトナムのカオダイ教などがその代表例といえよう。

従来，我々は宗教人口によってその宗教の影響力を推し量ってきた側面がある。しかし，近年は少数宗教とはいえ，社会的に影響力があるケースも少なくない（宗教人口も増加傾向にある）。今後も新たな宗教が生まれ変容していくことが想定される。伝統的宗教の存在価値も刻々と変化しており，国家や個人との関わりも随時変化している。そのスピードが早いのもまた事実である。新宗教の動向や現代社会における伝統的宗教の役割など，本書で紹介できなかった内容についてはまた別の機会に譲りたい所存である。

最後に，本書の存在はさまざまな縁なくして成立しなかった。関係各所に謝辞を述べたいところだが，結びに代えて特にこれまで私を指導してくださった先生方と私が指導する学生たちに感謝の意を述べておきたい。

本書では，各宗教に関する客観的な理解を基礎としているが，宗教という特殊な事象に対して客観的な視座を保つことの重要性を学んだのは，筑波大学の大学院時代であった。「宗教学」は，宗教という事象を客観的に研究するという学問分野である。しかし実際に学ぶ人というのは何らかの宗教を意識的に信仰する人々が多く，特別な宗教・宗派に所属せず，ただ興味関心があるだけで博士課程に進む者は少数派であったように思う。

研究者は基本的に，何らかの専門家であるべきであるから宗教全般に関心を持つがゆえに専門一つ決めかねる私はさぞや面倒な学生であったと想像にかたくないが，所属していた哲学・思想専攻の先生方は各人でお持ちの専門性でもって温かく指導してくださった。学生時代，節操もなくキリスト教，イスラム教，仏教 etc. さまざまな宗教の講義を受けさせていただいたことが，宗教学の観点から特定の宗教に依存せず，それぞれの宗教に理解を示す研究姿勢を築き，本書執筆の基礎となっていることを改めて記しておきたい。

そして，何より一般的な日本の教育過程を経てきただけで，そもそも信仰生活や宗教そのものに対して門外漢であった私を受け入れて指導してくださった仏教学に携わる先生方には特に感謝の意を示しておきたい。日本人として生まれ育ち，漠然としたシンパシーを感じるという安易な理由で仏教を専門に選んだ私に，最大限私の意思を尊重しながら指導してくださったことが今の私の財産になっている。こうして高等教育の場で講義をし，出版の話をいただくに至ったのは諸先生方の功績といっても過言ではない。改めて謝辞を述べるものである。

そして，本書はすでに記載した通り，「宗教学」をはじめとする大学の講義内容を基軸としてまとめたものである。毎回講義を通じて，さまざまな学生たちとの質疑応答の中で加筆・修正し，より分かりやすい内容を目指した。教える立場となって，毎日が教えられる日々である。毎年初回の講義で「自分は無宗教である」と言っていた学生が，講義で「宗教統計上主に日本人は神道と仏教の二重宗教に分類されている」と話すと，「無宗教だと思っていたのですがそうでないことがわかりました」と返してくるのを見かけるたび，学生の素直さと日本人らしさに感じ入る。同時に客観性を担保しつつも自由に宗教について語れる日本という国の寛容さを誇りに思うものである。改めて講義を受講し，意見を寄せてくれた学生たちにも感謝の意を記したい。

参考文献

今回は初学者にとって役立つものとして辞典類や各宗教を全般的に扱ったものに限って記してある。現在は新書や文庫でも良質な情報がコンパクトにまとめられているものが多く，参考文献となりうる書籍はこの限りではない。

参考となるサイトも記したが，それもごく一部である。この他にもミッション系や仏教・神道系の大学や研究所のサイトなど良質な情報を提供しているものは多いので各人で参考にしていただきたい。

[辞典・事典類]

世界宗教百科事典編集委員会編，2012，『世界宗教百科事典』，丸善出版

星野英紀ほか編，2010，『宗教学事典』，丸善出版

中村元ほか編，2002，『岩波仏教事典』，岩波書店

大貫隆ほか編，2002，『岩波キリスト教事典』，岩波書店

大塚和夫編，2002，『岩波イスラーム事典』，岩波書店

國學院大學日本文化研究所編，1999，『【縮刷版】神道事典』，弘文館

ミルチャ・エリアーデ，ヨアン・P・クリアーノ著，奥山倫明訳，1994，『エリアーデ　世界宗教事典』，せりか書房

[単行本など]

市川裕著，2009，『ユダヤ教の歴史（宗教の世界史 7）』，山川出版社

井上順孝編，1997，『世界の宗教 101 物語』新書館

岸本英夫編，2004，『世界の宗教』原書房

小島毅著，2017，『儒教の歴史（宗教の世界史 5）』，山川出版社

小杉泰編，2010，『イスラームの歴史 2（宗教の世界史 12）』，山川出版社

櫻井義秀・平藤喜久子編，2015，『よくわかる宗教学』ミネルヴァ書房

佐藤次高編，2010，『イスラームの歴史 1（宗教の世界史 11）』，山川出版社

シベール・シャタック著・日野紹運訳，2005，『ヒンドゥー教（シリーズ 21 世紀をひらく世界の宗教）』，春秋社

島田裕巳著，2020，『教養としての世界宗教史』，宝島社

宗教文化教育推進センター編，2019，『解きながら学ぶ日本と世界の宗教文化』集広舎
ジャマール・J・エリアス著，小滝透訳，2005，『イスラーム（シリーズ 21 世紀をひらく世界の宗教）』，春秋社
ジョセフ・A・アドラー著，伊吹敦・尾形幸子訳，2005，『中国の宗教（シリーズ 21 世紀をひらく世界の宗教）』，春秋社
末木文美士編，2018，『仏教の歴史 2（宗教の世界史 3）』，山川出版社
スティーブン・F・ブラウン著，五郎丸仁美訳，2003，『世界の宗教　プロテスタント』，青土社
スティーブン・F・ブラウン著，秦剛平訳，1994，『世界の宗教　キリスト教』，青土社
スティーブン・F・ブラウン／カレド・アナトリオス著，森夏樹訳，2003，『世界の宗教　カトリック』，青土社
高柳俊一・松本宣郎編，2009，『キリスト教の歴史 2（宗教の世界史 9）』，山川出版社
立川武蔵著，2014，『ヒンドゥー教の歴史（宗教の世界史 2）』，山川出版社
ダン・コーンイコールシャーボク著，熊野佳代訳，2005，『ユダヤ教（シリーズ 21 世紀をひらく世界の宗教）』，春秋社
ティム・ダウリー著，蔵持不三也訳，2020，『地図で見る世界の宗教』，柊風舎
月本昭男編，2017，『宗教の誕生（宗教の世界史 1）』，山川出版社
トーマス＆ドロシー・フーブラー著，鈴木博訳，1994，『世界の宗教　儒教』，青土社
ドーリング・キンダースリー社編，島薗進・中村圭志　豊島美和訳，2015，『宗教学大図鑑』三省堂
ニニアン・スマート著，阿部美哉訳，1999，『世界の諸宗教 I　秩序と伝統』教文館
ニニアン・スマート著，石井研士訳，2002，『世界の諸宗教 II　変容と共生』教文館
廣岡正久著，2013，『キリスト教の歴史 3（宗教の世界史 10）』，山川出版社
フィリップ・ウィルキンソン著，2015，『ビジュアルではじめてわかる宗教』東京書籍.
ブライアン・ウィルソン著，田口博子訳，2007，『キリスト教（シリーズ 21 世紀をひらく世界の宗教）』，春秋社
ブラッドリー・K・ホーキンス著，瀧川郁久訳，2004，『仏教（シリーズ 21 世紀をひらく世界の宗教）』，春秋社
フレデリック・ルノワール著，今枝由郎訳，2012，『人類の宗教の歴史　9 大潮流の誕生・本質・将来』，トランスビュー
ペン編集部編，2018，『知っておきたい世界の宗教』，CCC メディアハウス

ポーラ・B・ハーツ著，鈴木博訳，1994，『世界の宗教　道教』，青土社
ポーラ・B・ハーツ著，鈴木博訳，2004，『世界の宗教　神道』，青土社
マシュー・S・ゴードン著　奥西竣介訳，2004，『世界の宗教　イスラム教』，青土社
松本宣郎編，2009，『キリスト教の歴史 1（宗教の世界史 8）』，山川出版社
マドゥ・B・ワング著　宮島磨訳，2004，『世界の宗教　仏教』，青土社
マドゥ・B・ワング著　山口泰司訳，2004，『世界の宗教　ヒンドゥー教』，青土社
マルタ・モリスン／スティーブン・F・ブラウン著，秦剛平訳，2004，『世界の宗教　ユダヤ教』，青土社
ミルチア・エリアーデ著，『世界宗教史』1～8 巻本，ちくま学芸文庫
村上重良著，2000，『世界宗教事典』講談社学術文庫
村上重良著，1988，『日本宗教事典』講談社学術文庫
遊佐道子著，箕輪顕量訳，2007，『日本の宗教（シリーズ 21 世紀をひらく世界の宗教）』，春秋社
横井秀明編，2001，『世界の宗教　総解説』，自由国民社
横手裕著，2015，『道教の歴史（宗教の世界史 6）』，山川出版社
吉田敦彦著，2000『世界の神話 101』新書館
リチャード・ホロウェイ著，上杉隼人・片桐恵里訳，2019，『若い読者のための宗教史』，すばる舎

[参考すべきウェブサイト etc.]

カトリック中央協議会（https://www.cbcj.catholic.jp）
日本ハリストス正教会（https://www.orthodoxjapan.jp）
日本基督教団（http://uccj.org）
日本聖公会管区事務所（http://www.nskk.org/province/）
日本ルーテル教団（http://www.jlc.or.jp）
宗教法人日本イスラーム文化センター（http://www.islam.or.jp）
日本ムスリム協会（http://www.muslim.or.jp）
公益財団法人全日本仏教会（http://www.jbf.ne.jp）
仏教伝道協会（https://www.bdk.or.jp）
ダライラマ法王日本代表事務所（チベットハウスジャパン）（http://www.tibethouse.jp/news_release/2020/20200309_news.html）
チベット仏教普及協会（ポタラカレッジ）（http://www.potala.jp）
宗教法人日本ユダヤ教団（http://www.jccjapan.or.jp）
文化庁：宗教年鑑（https://www.bunka.go.jp/tokei_hakusho_shuppan/hakusho_nenjihokokusho/shukyo_nenkan/index.html）
宗教法人神社本庁（https://www.jinjahoncho.or.jp）

公益財団法人日本宗教連盟（http://jaoro.or.jp）
公益財団法人国際宗教研究所（http://www.iisr.jp）
国際宗教研究所宗教情報リサーチセンター（http://www.rirc.or.jp）
宗教文化教育推進センター（http://www.cerc.jp/kyozai.html）

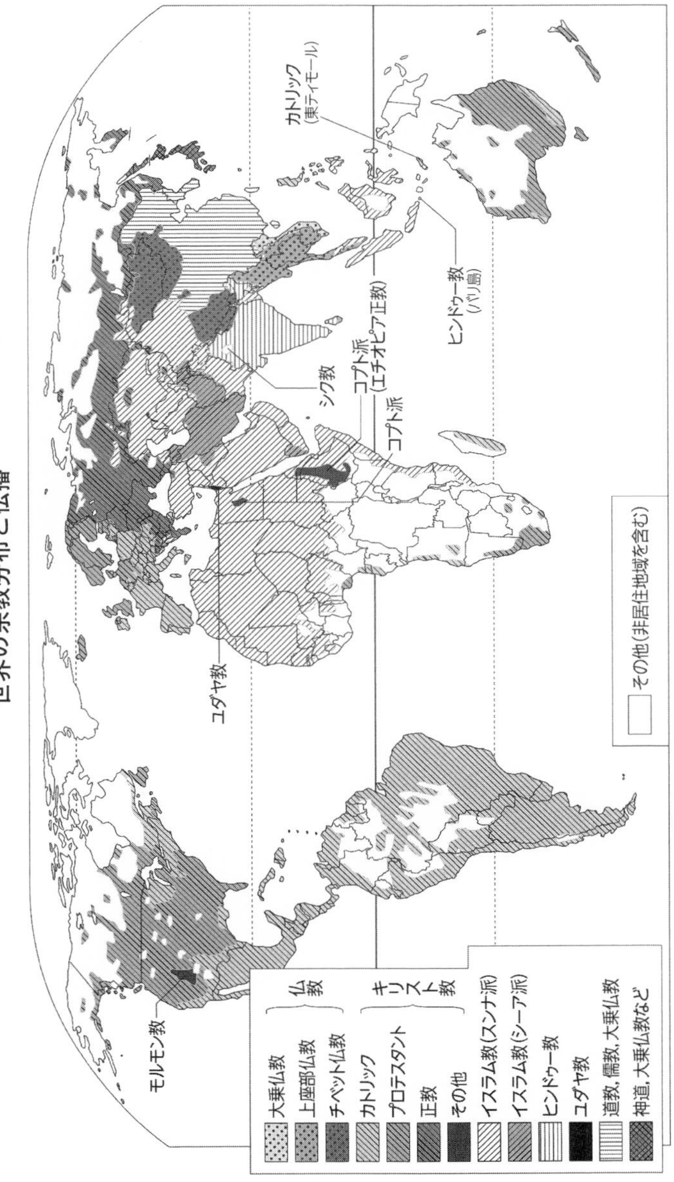
世界の宗教分布と伝播
大乗仏教
上座部仏教
チベット仏教
仏教
カトリック
プロテスタント
正教
その他
キリスト教
イスラム教(スンナ派)
イスラム教(シーア派)
ヒンドゥー教
ユダヤ教
道教,儒教,大乗仏教
神道,大乗仏教など
その他(非居住地域を含む)
モルモン教
ユダヤ教
シク教
コプト派
(エチオピア正教)
コプト派
ヒンドゥー教
(バリ島)
カトリック
(東ティモール)

世界の主な宗教人口（2016年）（出典：The World Almanac2018）

宗教	百万人	主な分布地域
キリスト教	2448	ヨーロッパ・南北アメリカ
カトリック	1242	南欧・東欧・ラテンアメリカ・アイルランド・フィリピン
プロテスタント	553	ドイツ・北欧・アメリカ・カナダ
正教	284	ロシアなどCIS諸国・ギリシア・ブルガリア・ルーマニア・マケドニア・セルビア
その他	369	東方帰一教会（東ヨーロッパ・中東），コプト教（エジプト）など
イスラム教	1752	
スンナ派（スンニ派）	1532	中東・北アフリカ・中央アジア・東南アジア・アフガニスタンなど
シーア派	205	イラン・イラク・バーレーン・イエメン・UAE・インドなど
その他	15	
ヒンドゥー教	1019	インド・ネパール・インドネシア（バリ島）・太平洋諸島地域など
仏教	521	
大乗仏教	375	中国・日本・韓国
上座仏教	130	スリランカ・マレー半島島嶼部（タイ・ミャンマーなど）
チベット仏教	16	中国（チベット）・モンゴル・ロシア（ブリヤート人など）・ブータン・ネパール
シーク教	26	インド（パンジャブ・ハリヤナ）
ユダヤ教	15	イスラエル・アメリカ
道教	9	中国
儒教	8	韓国
その他の宗教	806	アフリカ・オセアニア・南米・アジア

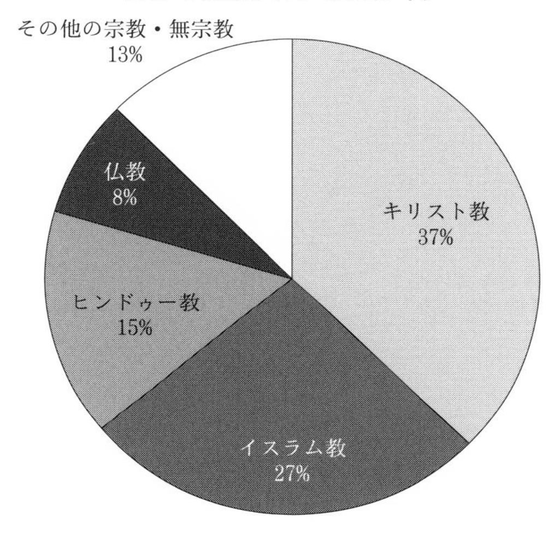
世界の宗教人口（2016年）
その他の宗教・無宗教
13%
仏教
8%
キリスト教
37%
ヒンドゥー教
15%
イスラム教
27%

図出典一覧

図 1–1　嘆きの壁　Unsplash: https://unsplash.com/photos/YpqyvhdThDY
図 1–2　岩のドーム　Pixabay: https://pixabay.com/ja/photos/岩のドーム-神社-寺-年-市-89063/#content
図 1–3　トーラー（モーセ五書）　Pixabay: https://pixabay.com/ja/photos/聖書-torah-書き込み-3524065/#content
図 1–4　アダムとイブ　Pixabay: https://pixabay.com/ja/photos/アダムとイブ-宗教-60581/#content
図 1–5　モーセの銅像　Pixabay: https://pixabay.com/ja/photos/モーセ-十戒-銅像-黄金の像-2628535/#content
図 1–6　嘆きの壁に向かって祈るラビたち　Pixabay: https://pixabay.com/ja/photos/嘆きの壁-エルサレム-ユダヤ人-2253313/#content
図 1–7　旧アウシュビッツ強制収容所の入り口や外観　Pixabay: https://pixabay.com/ja/photos/アウシュビッツ-ゲート-看板-485689/#content; https://pixabay.com/ja/photos/クラクフ-アウシュビッツ-845985/#content
図 1–8　シナゴーグ内部　Pixabay: https://pixabay.com/ja/photos/シナゴーグ-宗教-ユダヤ教-3644262/#content
図 1–9　祈るイスラエル人　Pixabay: https://pixabay.com/ja/photos/祈り-ユダヤ人-嘆きの壁-1331326/#content
図 1–10　プリムの時期に食べるハマンタッシェン　Pixabay: https://pixabay.com/ja/photos/プリム-ミレニアムア-ユダヤ人-3010503/#content
図 2–1　グアダルーペの聖母　Pixabay: https://pixabay.com/ja/photos/アダルーペ-メキシコ-メアリー-2881501/#content
図 2–2　洗礼を授けるヨハネと受洗者イエス　Pixabay: https://pixabay.com/ja/photos/教会のウィンドウ-洗礼-聖餐-1016443/#content
図 2–3　サン・ピエトロ大聖堂　Pixabay: https://pixabay.com/ja/photos/サンピエトロ大聖堂-ローマ-2677061/#content
図 2–4　教皇フランシスコ　Unsplash: https://unsplash.com/photos/55k45BgfUF8
図 2–5　幼子イエスを抱く聖アントニオ　Pxfuel: https://www.pxfuel.com/es/

free-photo-xsgch
図 2–6 サンタンドレアデッラヴァッレ教会のフレスコ画 Pixabay: https://pixabay.com/ja/photos/イエス-子供-宗教-信仰-1993612/#content
図 2–7 ルター像 Pixabay: https://pixabay.com/ja/photos/ドレスデン-女性教会-2041065/#content
図 2–8 マーサー・ルーサー・キングの石像 Pixabay: https://pixabay.com/de/photos/menschen-erwachsene-skulptur-mann-3255328/
図 2–9 東方正教会の教会 Pxfuel: https://www.pxfuel.com/en/free-photo-eusal
図 2–10 カトリック教会内部 Unsplash: https://unsplash.com/photos/GxbFfu6yRN0
図 2–11 プロテスタント教会内部 Pixabay: https://pixabay.com/de/photos/kirche-gebäude-evangelische-jesus-5448852/#content
図 2–12 イコン（幼子イエスを抱く聖母マリア）Pixabay: https://pixabay.com/de/photos/mutter-von-der-immerwährenden-hilfe-1060612/#content）
図 2–13 典礼に用いる聖杯 Unsplash: https://unsplash.com/photos/8WM67kf7ulw
図 2–14 ペンテコステの様子を表したステンドグラス Pixabay: https://pixabay.com/de/photos/kirche-fenster-kirchenfenster-2658755/#content
図 3–1 信仰告白を示すアラビア文字 Unsplash: https://unsplash.com/photos/BtTK0quppio
図 3–2 インドネシアのマスジド Pixabay: https://pixabay.com/de/photos/masjid-architektur-moschee-madura-198175/#content
図 3–3 カーバ神殿内部 Pixabay: https://pixabay.com/de/photos/islam-mekka-kaaba-religion-3782623/#content
図 3–4 アラベスク文様 Unsplash: https://unsplash.com/photos/x92i-Bf8DLY
図 3–5 コーランの一説 Pixabay: https://pixabay.com/de/photos/ramadan-rezitieren-der-quran-islam-3435847/#content
図 3–6 アヤ・ソフィア Unsplash: https://unsplash.com/photos/LsnAVYaFjSw
図 3–7 イスラム絵画 Pixabay: https://pixabay.com/ja/photos/悪いです-イスラム教-アラビア語-58068/
図 3–8 サウジアラビアの国旗 Pixabay: https://pixabay.com/ja/illustrations/アラビア-グリーン-サウジ-518637/
図 3–9 モスク内部 Unsplash: https://unsplash.com/photos/i1bfxi1cFBY
図 3–10 カーバ神殿の外 Unsplash: https://unsplash.com/photos/HeM_Bocg0Kk
図 3–11 伝統的な衣装を身につけたイスラム教徒の男性たち max-Pixel: https://www.maxpixel.net/Smiling-Group-Persons-People-Muslim-Portrait-Men-

60744
図 3–12　アバヤを身につけたイスラム教徒の女性　Pxhere: https://pxhere.com/en/photo/1544055
図 3–13　チャドルを身につけたイスラム教徒の女性たち　Unsplash: https://unsplash.com/photos/2S6jBIS0Ya8
図 4–1　仏の代わりに崇拝対象とされた法輪　Pexels: https://www.pexels.com/photo/brown-carriage-wheel-672630/
図 4–2　タイの仏教僧たち　Pixabay: https://pixabay.com/ja/photos/モンク-仏教徒-座って-462181/#content
図 4–3　仏像　pixabay: https://pixabay.com/ja/photos/仏-銅像-タイ-仏教-瞑想-5641534/#content
図 4–4　仏教の八大聖地の一つブッダガヤ　Photo-AC: https://www.photo-ac.com/main/detail/2167938
図 4–5　経典を読むチベット仏教僧　Pexels: https://www.pexels.com/photo/person-in-red-long-sleeve-shirt-holding-white-paper-5415783/
図 4–6　出家者に布施をするタイの女性　Pixabay: https://pixabay.com/ja/photos/僧侶-祈る-祈り-バンコク-1822569/#content
図 4–7　タイの仏教寺院内部　Pixabay: https://pixabay.com/ja/photos/タイ-バンコク-寺-神社-422/
図 4–8　ボルブドゥールのストゥーパ（仏塔）Pixabay: https://pixabay.com/de/photos/stupa-borobudur-barabudur-mahayana-83774/
図 4–9　地蔵菩薩　Unsplash: https://unsplash.com/photos/RPsK13_uk_s
図 4–10　鎌倉大仏（毘盧舎那仏）　Pixabay: https://pixabay.com/de/photos/großer-buddha-japan-frieden-kultur-4503499/#content
図 4–11　砂マンダラの作成風景　Pixabay: https://pixabay.com/ja/photos/日本-マンダラ-美術-装飾-5070847/#content
図 4–12　マニ車　Pixabay: https://pixabay.com/de/photos/buddhismus-religion-buddha-2314739/
図 4–13　ダライ・ラマ 14 世　Unsplash: https://unsplash.com/photos/zjrZ-jvpH9A
図 4–14　般若心経　Photo-AC: https://www.photo-ac.com/main/detail/4263448
図 4–15　アジャンターの石窟寺院　Unsplash: https://unsplash.com/photos/ZP039_CRf3M
図 5–1　モヘンジョ＝ダロ遺跡　Unsplash: https://unsplash.com/photos/q8ZiBGZID1g
図 5–2　マハトマ・ガンディ　Pixabay: https://pixabay.com/de/photos/pazifist-mahatma-gandhi-71445/#content

図 5–3　インド舞踊　Pixabay: https://pixabay.com/ja/photos/崇拝-神様-シブ-献身-文化-5039526/
図 5–4　インドのサドゥ（ヒンドゥー教の修行者）　Unsplash: https://unsplash.com/photos/-8ZESyFapTk
図 5–5　ヒンドゥー教の女神ラクシュミー　Unsplash: https://unsplash.com/photos/Ma2OGreRjjg
図 5–6　情報交換するサドゥたち　Pixabay: https://pixabay.com/pl/photos/sadhu-hinduizm-guru-hindus-religia-5033309/
図 5–7　インド説話の挿絵　Pixabay: https://pixabay.com/pl/photos/bitwa-lanka-ramajana-udaipur-62841/
図 5–8　舞踊の神シヴァとその息子ガネーシャ　Pixabay: https://pixabay.com/ja/photos/シヴァ-nataraja-2706634/, https://pixabay.com/cs/photos/socha-lord-ganesha-náboženský-1910481/
図 5–9　ヴィシュヌ神の恋愛物語　Pixabay: https://pixabay.com/es/photos/radha-krishna-por-siempre-amor-2977427/
図 5–10　ガンジス川での沐浴風景　Max-Pixel: https://www.maxpixel.net/India-Ganges-Varanasi-Bath-Ritual-Man-People-787731
図 5–11　ヒンドゥー教寺院の街壁　Pixabay: https://pixabay.com/ja/photos/タンジャーヴール-インド-寺-140696/
図 5–12　ヒンドゥー教徒の女性の婚礼衣装と吉祥の証メヘンディ　pxhere: https://pxhere.com/en/photo/418770, Pixabay: https://pixabay.com/ja/photos/mehendi-腕輪-結婚式-4004297/#content
図 5–13　ホーリー祭の様子　Unsplash: https://unsplash.com/photos/Jg-qfCz0hoU
図 5–14　ヒンドゥー教徒の葬式　https://www.pexels.com/photo/photo-of-people-in-traditional-wear-2477361/
図 6–1　岩肌に立つ中国の仏教寺院　Pixabay: https://pixabay.com/de/photos/hängende-tempel-china-buddhismus-2815650/
図 6–2　孔子像　Pixabay: https://pixabay.com/de/photos/konfuzius-statue-china-skulptur-1124611/#content
図 6–3　台湾にある道観の外観　Unsplash: https://unsplash.com/photos/hR2HYRBZZwQ
図 6–4　道観に安置される神像群　Pixabay: https://pixabay.com/ja/photos/宗教-道教-アイドル-2564865/#content
図 6–5　チベットのラサにあるポタラ宮歴史地区　Pixabay: https://pixabay.com/ja/photos/ラサ-ポタラ宮-晴れた日には-1635411/#content
図 7–1　稲荷神社に祀られる狐たち　Unsplash: https://unsplash.com/photos/

s77LoyTrC7o
図 7–2　神社の境内にある狛犬　Pixabay: https://pixabay.com/de/photos/komainu-hunde-schrein-steinstatue-5093865/#content
図 7–3　明治神宮の鳥居　Unsplash: https://unsplash.com/photos/E_scfTVpjT8
図 7–4　手水場　Unsplash: https://unsplash.com/photos/DAnVHY9Wagk

索　引

サ 行

タ 行

ナ　行

ハ　行

マ　行

ヤ　行

ラ　行

ワ　行

著者紹介
筑波大学大学院人文社会科学研究科哲学・思想専攻修了。
博士（文学）。現在は文教大学・川村学園女子大学・東京
成徳大学非常勤講師。専門は，インド仏教を中心としたア
ジア宗教思想史。

基礎から学ぶ宗教と宗教文化

2022 年 5 月 20 日　第 1 版第 1 刷発行

著 者　岸　清　香

発行者　井　村　寿　人

発行所　株式会社　勁（けい）草（そう）書　房

112-0005　東京都文京区水道 2-1-1　振替 00150-2-175253
（編集）電話 03-3815-5277／FAX 03-3814-6968
（営業）電話 03-3814-6861／FAX 03-3814-6854
理想社・中永製本

ISBN978-4-326-10305-8　Printed in Japan